墨香财经学术文库

U0656671

战略计划视角下影响民办高校教师工作满意度的因素研究

Research on Factors Impacting Teachers' Job Satisfaction in
Private Universities from the Perspective of Strategic Plan

韩冰 陈曦 著

东北财经大学出版社 大连
Dongbei University of Finance & Economics Press

图书在版编目（CIP）数据

战略计划视角下影响民办高校教师工作满意度的因素研究 / 韩冰，陈曦著．
一大连：东北财经大学出版社，2024.12.—（墨香财经学术文库）．—ISBN
978-7-5654-5440-0

Ⅰ．G645.1

中国国家版本馆CIP数据核字第20248ME231号

东北财经大学出版社出版发行

大连市黑石礁尖山街217号　邮政编码　116025

网　　址：http://www.dufep.cn

读者信箱：dufep@dufe.edu.cn

大连永盛印业有限公司印刷

幅面尺寸：170mm×240mm　字数：132千字　印张：11.25　插页：1

2024年12月第1版　　　　2024年12月第1次印刷

责任编辑：高　铭　　　　责任校对：赵　楠

封面设计：原　皓　　　　版式设计：原　皓

定价：58.00元

教学支持　售后服务　　联系电话：（0411）84710309
版权所有　侵权必究　　举报电话：（0411）84710523
如有印装质量问题，请联系营销部：（0411）84710711

前言

在当今快速变化的教育环境中，教师的工作满意度已成为影响教育质量和学校发展的关键因素。尤其是在民办高校中，教师的工作满意度不仅关系到个人的职业发展和心理健康，更直接影响学校的教学质量和学生的学习体验。因此，深入研究影响民办高校教师工作满意度的因素具有重要的理论意义和实践价值。

本书旨在从战略计划的视角出发，探讨多种因素对民办高校教师工作满意度的影响。我们将重点分析参与型领导风格、支持型领导风格、指令型领导风格、自我效能感和薪酬结构等自变量，分析它们如何通过不同的机制影响教师的工作满意度。参与型领导风格强调教师的参与感和归属感，支持型领导风格关注对教师的情感支持和职业发展的帮助，而指令型领导风格可能在一定程度上影响教师的自主性与创造性。此外，自我效能感作为个体对自身能力的信念，也在教师的工作满意度中扮演了重要角色。薪酬结构则直接关系到教师的经济利益和生活质量，因此也是影响工作满意度的重要因素。

全书结构按照实证研究的思路安排，共分五章：第1章为导论，包括研究的背景、研究对象及SWOT分析、研究目标、研究问题、研究意义和术语定义。第2章为理论基础和研究假设，包括文献回顾、理论基础、理论框架、概念框架、研究假设、关键变量和拟实施的战略计划模型。第3章为研究方法论，包括研究方法、研究对象、研究工具、数据收集、数据分析方法和战略计划设计。第4章为数据分析与研究发现，包括多元线性回归分析、假设检验、战略计划前数据分析、战略计划、战略计划后数据分析、战略计划假设检验和研究结果。第5章为总结、结论和建议，包括研究总结、研究结论、讨论、建议和未来研究方向。

本书回顾了已有的研究，基于路径−目标理论、自我效能理论和双因素理论，构建了包含五个自变量和一个因变量的概念框架。自变量为参与型领导风格、支持型领导风格、指令型领导风格、自我效能感、薪酬结构，因变量为教师工作满意度。本研究采用定性和定量相结合的方法，通过问卷调查、访谈等方式收集数据，以确保研究结果的科学性和可靠性。前一阶段收集的大样本数据经多元线性回归分析，验证了假设1至假设5，即参与型领导风格、支持型领导风格、指令型领导风格、自我效能感和薪酬结构对教师工作满意度均有显著正向影响。全部自变量都纳入下一阶段的战略计划。实施既定的干预措施后，利用配对样本t检验验证战略计划前后各变量是否发生显著变化，研究结果验证了假设6至假设11，即在战略计划前和战略计划后阶段，自变量和因变量存在显著差异。

本书研究发现，参与型领导风格强调领导和下属之间的决策过程，赋予教师更多的责任和自主权，极大地增强了教师在教学和管理中的主人翁精神，教师在决策过程中形成的归属感和成就感促进了教师的工作积极性和创造性，从而提高了教师的整体工作满意度。支持型领导风格侧重于关心、接受、尊重和支持教师的个人和专业发展，教师在上级的信任、鼓励、支持和关怀下，能有效缓解教师压力，增强教师工作积极性，改善教师心理健康，从而显著提高教师的工作满意度。指令型领导风格倾向于强调任务和期望的规定，并直接指导教师如何完成工作。对于新教师或在具体项目中需要明确方向的教师，指令型领导有利于提高教师的工作满意度。自我效能感是指教师对自己成功完成教学任务和实现预期目标的能力的信心，具有较高自我效能感的教师往往表现出更强的教学能力和适应能力，更容易应对各种教育挑战。它与教师工作满意度之间存在正相关关系。薪酬结构是衡量教师专业价值和经济回报的重要指标，公平、透明、与绩效挂钩的薪酬体系对提高教师工作满意度的效果最为显著。因此，优化领导风格、提高教师自我效能感、改革和完善薪酬结构都是提高教师工作满意度的有效策略，领导者要根据团队的具体情况调整领导风格和沟通方式，关注和培养教师的内在动机和职业认同，确保薪酬制度能够体现公平，鼓励卓越。只有这样，才能全面提高教师的工作满意度。

由于作者水平有限，本书仍存在很多不足之处，如选定某高校作为研究对象。虽然这样可以对特定群体进行深入的研究，但由于研究对象相对单一，导致研究结论的普适性不高。因此，在未来的研究中，可以增加样本量，将样本范围扩大到不同地区、不同类型学校的教师，以提高研究结果的普遍适用性。此外，有必要考虑延长战略计划的期限，与学校办学周期一致，以便探索各种因素对教师工作满意度的长期影响，并进一步评价战略计划效果的可持续性和稳定性。未来，随着教育数字化的发展，影响教师工作满意度的因素将更加多元化，研究者可尝试从以下方向拓展有关教师工作满意度的研究：一是参与型领导风格与教师专业发展整合的研究，二是支持型领导风格与教师心理健康干预相结合的研究，三是指令型领导风格与教师专业成长路径差异的研究，四是自我效能感的动态发展与长期激励机制相结合的研究，五是薪酬结构的多元化与教师工作满意度的定量模型的研究，六是跨文化和国际比较视角下的教师工作满意度的研究，七是新兴技术与教师工作满意度的关系的研究。

最后，感谢在本研究过程中给予诸多指导的导师、在资料查阅时提供帮助和数据收集时给予支持的同事们，以及为本研究提供了研究基础的学术界的前辈们。

湛江科技学院

韩 冰 陈 曦

2024年8月

目录

1

导论

本章共涉及六个问题。第一个问题是中国民办高等教育的发展历程和现状，突出研究民办高校教师工作满意度的必要性。随后介绍样本学校A大学的基本背景，并对其进行了SWOT分析，紧接着介绍研究的目标、研究的问题、研究的意义以及对相关术语进行了定义。

1.1 研究背景

1.1.1 中国民办高等教育的发展历程

民办高等教育在中国教育体系中的地位日益凸显，其不仅是中国高等教育不可或缺的重要支柱，也是推动中国教育事业发展的重要动力源泉和增长极。在国家推进高等教育普及化的长期历史进程中，民办高等教育的作用和贡献尤为显著。

首先，民办高等教育通过增加教育资源供给，扩大了学生接受高等教育的机会，有力地缓解了社会对高等教育需求与有限公共资源之间的矛盾，极大地促进了高等教育的大众化进程。它为广大学生提供了多元化的学习平台，满足了不同群体对接受优质高等教育的需求，尤其在培养应用型人才和技术技能人才方面起到了重要作用。

其次，在建设高等教育强国的战略背景下，民办高校积极响应国家政策号召，不断提升教育教学质量，创新人才培养模式，引进先进的教学理念与技术手段，参与国际教育交流与合作，从而丰富和完善了中国的高等教育体系结构。许多民办高校注重特色学科建设和科研能力提升，助力国家创新驱动发展战略实施。

最后，民办高等教育在响应国家"办好人民满意的教育"目标上作出了积极努力。它们坚持以人为本的教育理念，关注学生的全面发展和社会适应能力的培养，并致力于提高毕业生就业质量和创业创新能力。此外，民办高校还通过灵活的机制和市场化的运营方式，优化资源配置，提升服务社会经济发展的能力和水平。

总之，民办高等教育在中国高等教育普及化进程中扮演着关键角色，通过持续发挥其在拓展教育覆盖面、提升教育质量、服务国家战略以及满足人民教育期待等方面的独特功能，为中国教育事业的整体繁荣与健康发展注入了强大的活力。

中国民办高等教育的发展历程与中国悠久的民办教育有所不同，它直至近代才出现。不同于先秦时期就已兴起的私学，以及历代传承下来的民间教育形式，民办高等教育作为一个独立且规模化的教育分支，在中国的历史舞台上显现较晚，其发展历程颇具时代特征和转型意义。追溯至新中国成立初期，民办高等教育并未形成系统的格局。在计划经济体制下，高等教育主要由国家集中管理，私营或民间力量举办的高等教育机构极为有限。直至20世纪70年代末期，伴随着中国改革开放进程的启动，社会经济环境发生了深刻变化，原有的单一公立高等教育体系难以满足急剧增长的多元化教育需求和人才市场需求。从近乎空白的状态起步，中国民办高等教育在历经了一系列探索和尝试之后，开始逐渐萌芽并成长壮大。它经历了一个从小到无、从无到有、从有到强的相对曲折的发展过程。我们人为地将这个过程分为五个阶段：

第一阶段：新中国成立初期的转型期消失阶段（1949—1953）。

第二阶段：改革开放后的初始恢复阶段（1978—1991）。

第三阶段："南方谈话"后的快速发展时期（1992—2002）。

第四阶段：《民办教育促进法》颁布后的规范发展时期（2003—2016）[1]。

第五阶段：新时代的分类发展时期（2017年至今）。

中国最早的私立高等教育机构起源于洋务运动时期的近代教育革新浪潮中，那时社会精英倡导兴学育才以应对国势之需。然而，在20世纪50年代初，随着国家教育体制的整合与调整，所有现存的私立大学被政府统一接管，自此，中国境内一段较长的时期内不存在真正意义上的私立大学办学活动。这一状态延续超过30载。在此期间，中国高等教育体系面临资源严重不足的窘境，表现为大学数量极其有限，学位授予机会稀少，同时，具备高级专业知识和技能的人才极度紧缺。这种供需失衡的状况明显滞后于社会经济快速发展对各类高级人才的迫切需求。

直到1978年中国实行改革开放政策，中国民办高等教育迎来了全新的发展机遇。为了回应市场经济环境下对多样化、专业化人才的旺盛需求，以长沙、北京、上海等地为代表的城市率先出现了由富有经验的离退休教师发起创办的具有民办教育性质的补习班及培训机构。这标志着中国民办教育开始复苏，并逐步迈入自主创办的新纪元。这些早期的努力如同播下了种子，为后来中国民办高等教育蓬勃发展奠定了基础。

1992年，中国共产党第十四次全国代表大会报告中明确提出了"鼓励多渠道、多形式社会集资办学和民间办学，改变国家包办教育的做法。"这一举措标志着中国教育体系迈出了深化改革的重要一步，旨在打破传统的国家单一包揽教育模式，充分调动社会资源与民间积极性，共同参与教育事业的发展。这一政策导向如同春风拂过教育领域，极大地激发了社会各界投身教育的热情，有力推动了民间资本和多元主体投资办学的热潮。

紧随其后，1993年2月发布的《中国教育改革和发展纲要》进一步明确了民办教育的发展方针，即"积极鼓励、大力支持、正确引导、加强管理"，这为我国民办教育，特别是高等教育的健康发展奠定了坚实的基础。同期颁布的《民办高等院校设置暂行规定》则从制度层面为创办和管理民办高校提供了更为细致的操作规范，有效消除了制约民办高等教育发展的观念桎梏和制度壁垒，在这个历史节点上，中国民办高等教育如春笋般蓬勃发展，展现出强劲的增长势头和广阔的前景。

进入新世纪，特别是在 2003 年至 2004 年间，随着《中华人民共和国民办教育促进法》以及其配套的《民办教育促进法实施条例》相继出台并开始实施，我国民办高等教育进入了规范化运作的新阶段，政府通过一系列法律法规及政策措施，为确保民办高校的质量提升、稳定发展以及合法权益提供了坚实的法治保障。

时至 2017 年，中国民办高等教育迎来了发展历程中的又一个重要里程碑。这一年被广泛视为中国民办高等教育分类发展的起始之年，因为修订后的《民办教育促进法》以及相继推出的《民办学校分类登记实施细则》《营利性民办学校监督管理实施细则》等一系列详尽法规文件，加上《国务院关于鼓励社会力量兴办教育促进民办教育健康发展的若干意见》的正式落地执行，共同构建了一套全新的制度框架，不仅细化了对民办高等教育机构的分类管理，也强化了对营利性和非营利性学校的差异化监管，从而引领民办高等教育步入一个法治化、规范化、多元化的新时代，实现了从数量扩张到质量提升的战略转型，预示着中国民办高等教育将在更加开放、有序的环境中取得更大的突破与成就。

1.1.2 中国民办高校的发展现状

美国教育社会学家马丁·特罗将高等教育分为精英阶段（毛入学率低于 15%）、大众阶段（毛入学率在 15%~50% 之间）和普及阶段（毛入学率超过 50%）。马丁·特罗高等教育发展三阶段理论见

表 1-1。

表 1-1 马丁·特罗高等教育发展三阶段理论

序 号	阶段	毛入学率
1	精英教育	<15%
2	大众教育	15%~50%
3	普及教育	>50%

资料来源：作者根据马丁·特罗高等教育发展三阶段理论整理。

1978 年的中国高等教育毛入学率仅为 2.7%，但 1998 年上升到 9.8%，与同期发达国家的 40.2% 和发展中国家的 14.4% 存在显著差异[2]。当时，中国的高等教育仍处于精英阶段。中国改革开放后，国家出台了一系列鼓励社会资本办学的政策。从那时起，中国的民办高等教育经历了自省和社会救助、推进到学术教育，独立学院的兴起和发展，然后是独立学院向民办本科院校转型。中国民办高等教育的发展为中国高等教育的发展作出了巨大的贡献。2019 年，全国高等教育毛入学率为 51.6%。这标志着中国的高等教育进入普及阶段，中国民办高等教育在中国高等教育大众化的进程中发挥了重要作用：一方面，加快了中国高等教育由精英教育向大众教育的转变，实现了高等教育的普及，显著提高了民众的整体素质；另一方面，民办高等教育扎根于地方和区域经济发展，为地方经济发展和就业提供了良好的帮助。此外，中国民办高等教育具有创新和开拓精神，在人才培养、教育教学、学生就业，包括校园建设等诸多领域作出了创新性的贡献。

首先，办学水平不断提高。从中国民办高等教育的发展历程可以看出，它经历了自学考试、社会资助、学术教育、独立学院、民办本科院校，以及尝试开展研究生教育的过程。教育水平不断提高。"十三五"期间，共有38所民办高校被批准为硕士学位建设单位。到2021年年底，拥有中国硕士学位授予权的单位中有7所民办高校，分别是吉林外国语大学、黑龙江东方学院、西京大学、北京城市学院、河北传媒学院、宁夏理工学院和三亚学院[3]。

其次，治理体系逐步科学化、规范化。与公立学校相比，民办高校发展历史相对较短，办学机制与公立高校不同，办学经费主要来源于学生学费收入。一些发展较好的民办高校具有以下共同特点：①具有明确的办学目标，这有效地解决和满足了地方经济社会发展的要求，包括培养学校干部和教师以满足地区的需求；②注重加强内涵建设，优化学科专业结构，深化人才培养模式改革，加强学科建设和科学研究，充分发挥其社会服务功能，其办学水平和社会贡献得到了政府和社会的广泛认可；③拥有创新的管理体制和运行机制，通过完善高校内部治理结构、提高教育治理能力、发展内部质量保障体系、营造优良的校园文化和育人氛围，保障学校高质量发展；④学校的师资结构、办学环境、教学条件、学生生活条件显著改善，为高校可持续发展提供了人力和物力资源；⑤学校注重特色发展，凝聚和展示了全方位的特点和优势，形成了学校的核心竞争力[4]。

发展相对缓慢的民办高校普遍存在教育基础薄弱、社会认可度低、融合发展不足、同质化严重、高层次人才匮乏、师资流失严重、优质教学资源缺乏等问题[3]，其中最突出、最直接的问题是师资问题。一方面，高层次人才不愿意到民办高校工作；另一方面，年轻教师在民办高校成长后，特别是在晋升为副高级职称后，纷纷转向公立高校。民办高校不像公立大学那样享有公立机构的福利待遇，学校发展的稳定性也不如公立学校，特别是民办高校的教师退休后的养老金按照社会统筹养老保险的缴费标准发放，远低于同级别公立高校教师的养老待遇，这是影响民办高校教师队伍稳定性的重要因素之一。

　　稳定、高素质的教师队伍是高校内涵式发展的核心要素。教师的工作满意度对教育事业的稳定和可持续发展至关重要，与教师的流动率密切相关。如果教师对自己的工作不满意，他们更有可能选择离开教育行业或寻找其他工作机会。这种频繁的人员变动不仅给学校带来不稳定性，还可能导致教学质量下降，影响学生的学习体验和成绩。满意的教师更有可能展现出高水平的教学热情和动力，努力激发学生的学习兴趣和潜力。高工作满意度的教师更愿意投入时间和精力改进教学方法和课程设计，不断提高自己的专业水平。这种积极的态度不仅能提高学生的学业成绩，还能促进整个学校的积极氛围和教育质量。因此，学校和教育机构应该重视教师的工作满意度，努力创造一个支持性的工作环境，提供适当的培训和发展机会，认可教师的努力，建立有效的沟通和反馈机制。这不仅有助于提高教学质量，还有助于吸引和留住优秀的教育人才，促进教育的长远发展。

　　在过去几十年里，民办大学的发展遇到了许多挑战，其中重要的问题之一是教师的工作满意度。由于民办高校和公立高校的办学机制不同，民办高校在师资队伍建设方面面临更为突出的挑战，因此，分析影响民办高校教师工作满意度的因素，有效提升教师工作满意度水平，稳定教师队伍，提高教师队伍整体素质，对民办高校的发展具有重要意义。本研究致力于调查影响民办大学教师工作满意度的因素，特别关注 A 大学的教师，这项研究的结果对提高民办高校教师整体工作满意度具有借鉴意义。

1.2 研究对象及 SWOT 分析

1.2.1 A 大学基本情况

本研究选取 A 大学的教师为研究对象，该校的前身是独立学院，于 2021 年经教育部批准转设为独立设置的普通本科高校，经过 20 余年的建设和发展，学校已成为当地规模最大、具有重要区域性影响、办学特色鲜明的民办本科高校。

学校以工学、经济学、管理学为主体，文学、艺术学为两翼，以教育学、医学为重要补充，开设有 48 个本科专业、7 个专科专业，涉及"经、文、工、教、管、艺、农、医"八大学科门类。学校下设 15 个二级学院、16 个党政管理机构和群团组织，目前在校生规模 3 万余人。学校拥有现代化的大学校园，校园占地面积近 2 000 亩，校舍建筑面积 73.79 万平方米。学校高水平推进"新工科""新商科""新文科"实验室建设，建成校内实验室 213 个，总建筑面积超 2.8 万平方米；校外实践教学基地 216 个；新建"金工实训楼"总建筑面积超 2.4 万平方米。

学校高度重视师资队伍建设，大力实施"人才强校"战略，推出"优秀人才支持计划""黄大年式教师团队创建计划""高层次人才引进计划""柔性引进高层次人才计划""资助教职工攻读博士学位计划""学科专业带头人培育计划""创新创业导师人才库计划"，"引育"优秀人才，形成了一支"师德高尚、业务精湛、潜心育人、充满活力"的高水平教师队伍。当前，学校正处于落实高质量发展新理念、迈入内涵式发展新阶段、形成高质量发展新格局的历史新方位。

1.2.2　SWOT分析

根据研究需要，本部分将通过SWOT分析探讨A大学的教师工作满意度的影响因素，重点关注五个自变量：参与型领导风格、支持型领导风格、指令型领导风格、自我效能感和薪酬结构。教师的工作满意度不仅与教师的稳定性有关，还是影响教学质量、学术研究和学生培养质量的关键指标。通过对A大学当前情况的深入分析，我们可以揭示其在提高教师满意度方面的优势、劣势、机会和威胁。教师工作满意度研究的SWOT分析见表1-2。

表1-2　　　　　　教师工作满意度研究的SWOT分析

优势：	劣势：
● 大学倡导民主决策 ● 大学关注教师的职业发展 ● 管理层给予明确指导，以使教师能更好地完成他们的教学工作 ● 一些二级学院积极开展教师培训，促进教师成长，提高他们的自我效能感 ● 教师的薪酬与其能力挂钩，表现更好的教师可以获得更高的薪酬	● 一些领导者可能无法完全实施参与型领导风格 ● 并非所有教师都有机会参与决策 ● 当前大学（学院）对教师的支持和资源不足 ● 大学（学院）缺乏系统的教师培训体系 ● 一些教师缺乏内在动力来提升自我 ● 教师福利待遇与公立学校相比存在较大差距
机会：	威胁：
● 国家高度重视职业教育和应用型人才培养 ● 地区合作和资源共享为教师提供更多培训机会 ● 教育部新一轮的合格评估促使学校改善教师待遇，确保教师稳定性 ● 领导力培训和文化塑造有助于改善领导风格，提升教师的工作满意度	● 同行竞争加剧增加教师职称晋升的压力 ● 社会对教师角色期望变化增加教师心理负担，教师工作满意度迎来挑战 ● 民办大学缺乏社会认可，降低教师的工作满意度 ● 公立学校完善的福利保障制度和人才引进竞争，加速民办大学教师的流失，影响民办大学教师的工作满意度

（1）优势

A 大学秉持以人为本的教育理念，积极推动民主决策与教师深度参与管理。这一举措不仅彰显了学校对教师主体地位的尊重，更为校园文化注入了浓厚的人文关怀色彩。在处理学校重大事务时，学校领导层会广泛征询教师意见，确保每一项决策都凝聚着集体智慧。这种开放包容的管理方式极大地提升了教师的归属感与参与度，使他们深切体会到自身在学校发展中的重要价值，进而激发出更高的工作热情与创新动力。

学校领导层深知，教师的成长与发展是提升教学质量与学生满意度的关键。因此，他们倾力于为教师提供全方位的支持与资源，从专业技能培训到科研项目资助，从职业生涯规划到心理健康关怀，每一步都精心设计，旨在帮助教师不断突破自我，实现个人与职业的双重飞跃。这种以教师为中心的发展策略，不仅显著增强了教师的专业能力，更营造出一个充满活力与创新的教学环境，使得教师在享受工作的同时，也能深刻感受到个人价值的实现与尊重。

在教学活动的具体实施上，无论是课程设计还是课堂管理，学校或二级学院领导均给予教师充分的自主权与指导，鼓励他们根据学科特点与学生需求进行创新尝试。通过设立教学创新基金、举办教学研讨会等形式，学校为教师搭建了一个展示才华与分享经验的舞台，使教师在实践中不断提升教学艺术，同时也赢得了同行与学生的高度认可，增强了对自身职业的自豪感与认同感。

为了进一步激发教师的潜力与忠诚度，A 大学近年来在薪酬体系改革方面进行了大胆探索，通过实施优秀人才支持计划，打破传统意义上的平均主义，将薪酬与教师的工作绩效、学术贡献及学生评价紧密结合，形成了一套科学合理的激励机制。这一举措不仅吸引了大批高水平人才加盟，也为在职教师提供了广阔的职业晋升空间，使他们看到了个人努力与回报之间的直接关联，从而大大提升了教师对薪酬的满意度与工作积极性。

更重要的是，学校领导层深谙"人才是第一资源"的道理，因此在优秀人才的培养与留用上不遗余力。除了提供具有竞争力的薪酬待遇外，学校还致力于构建完善的职业发展路径，为教师提供国内外访学、学位晋升、学术交流、课题申报等多元化的成长机会，帮助他们在专业领域精耕细作，成为行业内的佼佼者。同时，学校还注重人文关怀，通过设立教师关爱基金、举办家庭日活动等方式，关心教师的身心健康与家庭幸福，营造出一个温馨和谐的工作氛围，让教师在追求事业成功的同时，也能享受到生活的美好。

（2）劣势

尽管 A 大学致力于营造一种参与型领导文化，旨在激发每一位教职员工的主动性和创新精神，但实践中却面临着一系列挑战，这些挑战阻碍了这一愿景的全面实现。首先，由于教师群体在经验、能力以及所承担职责方面的多样性，他们在参与学院管理与决策过程中的机会并不均等。这种差异性源于个体背景的复杂性，导致一些教师可能因缺乏相应渠道或信息而被边缘化，无法充分发挥其潜能。

其次，二级学院领导层在专业素养与个人特质上的差异，也对参与型领导风格的有效执行形成了一定障碍。部分领导者可能更倾向于传统的自上而下的管理模式，而非充分授权与倾听下属意见，这在一定程度上限制了教师参与度的提升，扩大了决策透明度与民主化程度不足的影响。

再次，A 大学正处于快速发展阶段，但在教师培训体系的建设上仍显薄弱。目前，学校虽已初步搭建起一套职业发展框架，但覆盖面有限，且各二级学院之间的办学条件与办学经费参差不齐，导致资源分配不均，教师获取专业提升机会的途径受限。在这样的环境下，教师个人的成长与进步往往需要依靠更强的自我驱动与学习能力，才能克服外部条件的局限。

最后，民办高校的特殊性质也带来了额外的挑战。相比于公立大学，民办高校主要依靠学费收入来支撑运营，缺乏稳定的财政补贴，这直接导致在教师支持与资源配置上的相对匮乏。民办高校教师在薪酬福利上与公立同行存在明显差距，缺乏职业安全感。随着年龄的增长，教师面临的就业风险与生活保障问题日益严峻。这无疑严重削弱了教师队伍的稳定性并降低了教师工作满意度。

（3）机会

在国家持续强化职业教育及应用型人才培育的大背景下，A大学正处在一个黄金的发展节点。近年来，国家层面的大力支持为学校提供了前所未有的机遇，使其能够聚焦于提升教师薪酬福利，以及强化师资队伍的整体实力。通过积极响应国家政策导向，学校不仅能吸引更高质量的教学人才，还能激发现有教职工的积极性与创造力，共同构建一个充满活力的教育生态。作为广东省经济发展的重要引擎，A大学地处粤港澳大湾区与海南自由贸易港的战略交汇点，具有无可比拟的区位优势。这不仅促进了区域内的深度合作与资源共享，更为学校开辟了广阔的合作前景。A大学可以借此良机，与国内外一流高等教育机构及行业领军企业建立紧密联系，共同开展科研项目，实施联合培养计划，为教师提供国际化的交流平台与前沿的学习资源，从而显著提升其专业素养并开阔学术视野。

同时，学校应积极引入国际先进的有关领导力的培训项目，以提升管理层的综合能力，鼓励多元化的领导风格，打造高效能的管理团队。此举不仅有助于内部治理结构的优化，还能为教师创造更加和谐、开放的工作环境，进而增强其归属感与满意度。值得注意的是，在即将到来的2026年，A大学将面临教育部新一轮的合格评估。为了顺利通过此次评估并获得更高评价，学校应提前布局，确保师资队伍的稳定性和教学水平的持续提升。这要求学校不仅要维持甚至提升教师的薪酬待遇，还要不断完善职业发展体系，提供个性化的职业规划指导，以及丰富的进修机会，使每位教师都能感受到个人成长与学院发展的"同频共振"。

综上所述，A大学正站在历史的新起点，通过内外兼修，既把握住国家政策的红利，又利用好区域优势，全方位提升师资力量与管理水平，必将开创教育质量与教师满意度的双赢局面。

（4）威胁

首先，随着民办大学的蓬勃发展，教师的工作环境和薪酬福利不断提升，这无疑给A大学挽留优秀人才带来了挑战。其次，教育领域的深度改革和新兴教学模式的推行，促使教师需不断适应新教学理念。若改革步伐滞后，可能影响教师的工作满足感。再次，社会对教师的角色期待日益多元化，不仅要求他们是知识的传授者，还要求他们具备社会服务和创新能力的培育能力。这种转变加重了教师的心理压力，影响其工作满意度。此外，私立大学的社会认同度相对较低，这也成为影响教师工作满意度的一大因素。最后，民办大学在与公立大学竞争中，在福利保障和人才引进等方面处于劣势，这加剧了教师流失，严重制约了教师工作满意度的提升。

1.3　研究目标

本研究要达到的总体研究目标是：以路径-目标理论[5]、自我效能理论[6]和双因素理论[7]为理论基础，借鉴我国高等教育的制度背景和民办高等教育的典型特征，以我国A民办大学为研究样本，分析影响教师工作满意度的因素，并提出提高民办高校教师工作满意度的相关建议。具体目标如下：

（1）调查参与型领导风格对教师工作满意度的显著影响。

（2）调查支持型领导风格对教师工作满意度的显著影响。

（3）调查指令型领导风格对教师工作满意度的显著影响。

（4）探讨自我效能感对教师工作满意度的影响。

（5）探讨薪酬结构对教师工作满意度的影响。

（6）评估和分析参与型领导风格、支持型领导风格、指令型领导风格、自我效能感、薪酬结构与教师工作满意度的现状。

（7）设计和实施适当的参与型领导风格、支持型领导风格、指令型领导风格、自我效能感、薪酬结构的战略计划，以提高教师的工作满意度。

（8）确定参与型领导风格、支持型领导风格、指令型领导风格、自我效能感、薪酬结构与教师工作满意度在战略计划前后的差异。

1.4　研究问题

为了完成上述研究目标，本研究从以下八个方面展开。

（1）参与型领导风格是否显著影响教师的工作满意度？

（2）支持型领导风格是否显著影响教师的工作满意度？

（3）指令型领导风格是否显著影响教师的工作满意度？

（4）自我效能感是否显著影响教师的工作满意度？

（5）薪酬结构是否显著影响教师的工作满意度？

（6）参与型领导风格、支持型领导风格、指令型领导风格、自我效能感、薪酬结构和教师的工作满意度目前处于什么水平？

（7）参与型领导风格、支持型领导风格、指令型领导风格、自我效能感、薪酬结构的适当战略计划如何提高教师的工作满意度？

（8）参与型领导风格、支持型领导风格、指令型领导风格、自我效能感、薪酬结构和教师的工作满意度在战略计划前和战略计划后阶段有何差异？

1.5 研究意义

对教师工作满意度影响因素的研究具有深刻的理论和现实意义。它不仅有助于我们深入了解教师职业发展的内在动力机制，而且对优化教育环境、提高教学质量、保证教师队伍稳定、促进教育健康发展具有至关重要的作用。

首先，从理论角度来看，教师工作满意度影响因素的研究是人力资源管理理论在教育领域的深化应用。教师作为高校的核心人力资源，其工作满意度直接影响着工作效率、教学效果、创新能力等关键绩效指标。通过分析影响教师工作满意度的各种因素，如领导风格、自我效能感、薪酬结构等，可以丰富和发展教育人力资源管理理论，为构建科学合理的教师激励机制提供理论依据。

其次，从实践角度来看，研究 A 大学教师工作满意度的影响因素，有助于改善学校管理和教育政策的制定。通过对各种影响因素的量化分析，教育管理部门和学校管理层可以准确定位问题，并采取有针对性的措施来提高教师的工作满意度，如改善教学设施、提高薪酬和福利待遇、加强教师培训、优化评价体系、创造良好的校园文化氛围等。这不仅可以有效地激发教师的积极性和创造力，提高教学质量，而且有助于吸引和留住优秀人才，致力于教育事业，从而实现教育资源的优化配置。

此外，教师工作满意度对学生的成长和社会发展也有重要意义。教师是知识的传播者和情感的引导者，他们的工作状态直接影响着学生的身心健康和全面发展。满意度高的教师更有可能把更多的精力投入到教学创新中，关注每个学生的个体需求，形成良好的师生互动，这对促进培养符合时代要求的新一代具有积极的作用。

最后，从社会层面上来说，提高教师的工作满意度也是促进尊师重教文化和构建和谐社会的重要途径。当教师能够获得足够的工作满意度时，他们的价值得到体现，整个社会对教育行业的关注和支持也会提高，这对增强民族对教育的信心、促进国家的长远发展具有不可估量的价值。

综上所述，研究教师工作满意度的影响因素无论在理论研究还是实践需求方面都具有重要意义。通过对影响教师工作满意度的关键问题的深入探索和有效解决，将能够更好地推动我国教育行业的改革和发展，培养更多高素质人才，助力我国走好教育强国之路。

1.6 术语定义

下面是本研究中所使用的每个变量的术语和定义：

薪酬结构（Compensation Structure，CS）：薪酬是指员工从雇主那里获得的总报酬，包括现金和福利。直接或间接的优势、货币或非货币奖励、内在或外在特征都可以用来对薪酬进行分类。组织承诺和工作满意度都受到这些不同薪酬特征的显著影响[8]。

指令型领导风格（Directive Leadership Style，DLS）：指令型领导风格是指领导者为下属提供一个框架，让他们根据团队的目标作出决定和行动[9]。

教师工作满意度（Teachers' Job Satisfaction，TJS）：当一个人的工作价值观得到满足时，会产生一种愉快的态度或愉快的情绪状态，即工作满意度。当员工的需求得到满足时，他们的工作是参与其中的、被认可的，并为他们的更高层次的需求服务，他们更有可能体验到工作满意度[10]。

参与型领导风格（Participative Leadership Style，PLS）：参与型领导者征求团队成员的意见，与他们讨论工作场所的问题，并将他们的想法纳入团队或组织将要执行的决策中[5]。

自我效能感（Self-Efficacy，SE）：社会认知理论框架将自我效能感定义为一个人对自己计划和执行必要程序和行动的能力的自信，以实现特定的目标[11]。

支持型领导风格（Supportive Leadership Style，SLS）：为下属创造一个受欢迎的工作氛围，为下属提供心理支持，并关心他们的福祉都是支持型领导行为的例子。支持型领导行为也指满足下属要求和偏好的行为[12]。

2

理论基础和研究假设

本章包括两个问题，一是回顾了影响教师工作满意度的因素的各个变量的内容，包括变量的定义和相关文献，研究变量包括参与型领导风格、支持型领导风格、指令型领导风格、自我效能感、薪酬结构和教师工作满意度。二是论述与本研究相关的理论，分别是路径-目标理论（Path-Goal Theory）、自我效能理论（Self-Efficacy Theory）和双因素理论（Two-Factor Theory）。基于上述研究基础和理论，提出本研究的假设1至5。

2.1　文献回顾

2.1.1　参与型领导风格

参与型领导的概念首次出现在德国心理学家勒温（Lewin）对领导风格的相关研究中。后来，它被许多学者发展，从而形成了一种流行的领导风格。参与代表共同决策[13, 14]，即一个或多个下属参与决策[15]。参与型领导风格是一种通过权力交换信任的领导方式，在这种领导风格中，领导者信任团队成员的判断[16]，让他们的团队成员参与决策，在决策时征求团队成员的意见，与他们讨论工作场所的问题，并将他们的想法纳入团队或组织将执行的决策中[5]，在决策之前与下属分享问题的解决方案[17]，或者通过等级制度在决定上级和下属方面表现出共同的影响力[13]。也有学者认为，参与型领导者通过分享权力赋予员工责任和自主权[18]，让员工参与领导者的决策，或者至少让下属分享他们在决策中的影响力[19]，这增加了决策批准和实施的可能性[20]。

参与式决策通过员工对信任的感知直接和间接地对工作满意度产生正向影响[21]。与指令型领导相比，参与型领导在组织和团队效率方面具有压倒性的优势[16]。在这种领导氛围中，参与者能表达更多的支持性意见，更有利于提出问题的解决方案[17]。在员工敬业度的中介作用下，参与型领导对工作满意度产生正向影响[18]。独立需求强、权威主义程度低的人比独立需求弱、权威主义程度高的人在参与中有更多的满足感来源，其中，动机和期望是中介变量，情境或环境通过激励或期望影响行为结果[14]。

实现组织目标是所有组织成员的共同责任，以民主实践为特征的参与型领导涉及下属积极参与决策和管理过程。这种领导方法围绕着领导者鼓励和培养员工参与组织决策和管理。通过积极参与这些过程，塑造员工的主人翁精神和责任感，将个人目标与组织目标相结合，促使员工共同努力实现组织目标。多伦多大学组织行为学家罗伯特·豪斯（Robert House）等人提出的路径−目标理论侧重于激励下属去实现组织的目标，并且让他们对自己的工作感到满意。参与型领导者更信任团队的判断，而不是个人的判断。这种领导风格倾向于用权力换取影响力。尽管参与型管理不可避免地具有控制权，但仍然可以用于运行和实施项目，被授权的团队有更多的机会创造和执行最佳计划，并从中受益[17]。领导者应根据管理环境和下属的特点，选择符合组织需要的领导风格[18]。当任务不明确时，参与型领导是合适的，通过员工参与管理活动，有助于他们更好地了解实现目标的途径[5]。

2.1.2　支持型领导风格

罗伯特·豪斯（Robert House）在路径−目标理论中提出了支持型领导风格[22]。支持型领导行为是指满足下属需求和偏好的行为[12, 23, 24]，如为下属创造友好的工作环境，给予下属心理支持，关心下属的福利[12, 25]，鼓励员工取得优异成绩等[25]。支持型领导可以给员工提供他们在执行过于单调和容易被替代的任务时所缺乏的"营养"，他们积极解决下属的困难，诚实、公开、公平地与下属合作和沟通[26]。支持型领导行为是以员工为导向的，被认为是管理者积极参与解决困难的行为[27]，也被认为是领导者参与摆脱困境，公开、诚实、公平地与员工互动[28]。

支持型领导关注下属的困难，理解后给予支持，帮助下属实现工作目标。这种领导力可以提高员工的幸福感，减少员工的疲劳[29]，对员工工作满意度有积极影响[22]。这在不可预测的、体力和情感上都很费力的工作条件下尤其重要[30]。支持型领导和主动性人格与员工建言行为呈正相关，心理安全在这一关系中起中介作用[26]。发展型领导与工作满意度、对组织的情感承诺、职业确定性和角色广度自我效能感的关系明显强于支持型领导[24]。支持型领导对职业健康有重要影响，缺乏支持型领导会导致较差的自评健康[27]。高水平的领导支持与减少自我报告的缺勤和出勤相关成本之间存在显著关联[28]。领导者所需的劳动量与员工感到的情绪疲劳之间存在直接联系，这一理论背后的想法是，支持型领导行为更有可能在工作量较大的情况下发生[29]。主管提供的支持水平与员工的工作满意度和留在组织的意愿之间存在正相关关系，较高水平的支持型领导与较低的员工流动率有关[30]。

罗伯特·豪斯的理念深度挖掘了领导力的灵活性与适应性。他倡导的是一种动态的领导方式，领导者应具备敏锐的观察力和理解力，能够洞察每个团队成员的需求和能力，以及他们在特定任务中的表现。管理者的领导风格应该根据团队情况和成员的个性类型而改变，在不同的管理环境和员工特点下，领导风格应该有所不同。对于那些不达标或者可能引发困扰的任务，罗伯特·豪斯提倡的是理解和接纳的态度。领导者应看到问题背后的原因，可能是资源不足，可能是技能短板，也可能是工作压力过大。在这种情况下，领导者需要展现出耐心和同情心，提供必要的帮助和改进策略，而不是单纯地责备和惩罚。总的来说，罗伯特·豪斯的理念鼓励领导者成为"引导者"而"非指挥者"，他们认为，真正的领导力在于激发团队的潜力，推动他们超越自我，而不是仅仅依赖于严格的管理和控制。这样的领导方式不仅能提升团队的整体效能，也能增强员工的满意度和忠诚度。

2.1.3 指令型领导风格

路径-目标理论将指令型领导定义为领导者向下属解释任务和目标、程序、时间限制和工作规范[5]。这是一种以任务为导向的领导行为，注重目标设定、过程监督和下属行为控制[31]，它更倾向于定义工作目标和下属责任[32]。指令型领导者为下属提供具体的命令、指导和实现预定目标的手段，并实行密切监督，以加速决策和团队合作[33]，他们在设定团队方向和指导团队行动、向成员分配任务、明确工作指导方针、监控任务执行过程、提供指导以确保团队目标的实现等方面发挥着关键作用[34]，通过"5W"（what，why，where，when，who）定义工作任务、计划、程序和目标，领导者明确下属的责任，并制定行为标准，下属了解自己的责任和任务[35]。指令型领导风格涉及领导者为下属提供与团队目标一致的结构化决策框架，以促进协调行动[36]，并指导下属作出决策并实施决策，以实现领导目标[37]。这种领导风格是以任务为导向的，其核心是明确下属的工作职责、要完成的任务、期望下属达到的目标，领导为下属消除完成任务的障碍[38]，适用于任务和工作流程不明确、下属比较教条的情况。

与强调领导和下属共同决策的参与型领导风格不同，指令型领导风格由向团队成员展示如何工作、提供团队结构、建立清晰的沟通渠道、寻求信息整合等一系列行为组成[39]，更倾向于自上而下地设定目标和定义员工的责任。它与参与式领导被认为是一个连续体的两端。指令型领导者独自作出决策，而参与型领导者与下属一起作出决策[40]。已有的研究表明，指令型领导风格有利于组织承诺的提升[35, 37, 40]，它与教师绩效呈正相关[36]。在已知危机情况下，这种领导风格可以提高决策的准确性，而参与式领导可以提高不熟悉危机情况下的决策准确性[39]。

在一些情况当中，采用指令型领导风格更有效，比如：当面临时间紧迫、需要立即行动的任务时，指令型领导可以确保决策迅速、行动高效；对于刚刚步入职场的新员工，他们可能需要明确的指示和指导来熟悉工作流程和职责，指令型领导可以帮助他们快速掌握所需的技能和知识；在一些需要严格遵循规则和程序的工作环境中，指令型领导可以确保每个人都按照既定的步骤行事，保证一致性；在组织需要快速实施重大变革时，指令型领导可以确保所有人都明确新的目标和路径，避免混乱；对低成熟度的团队，指令型领导可以帮助他们建立基础，培养基本的工作习惯和专业技能。值得注意的是，领导风格是动态的，领导者应该根据不同的情境来适应和采用不同的领导方法。当情况发生改变，领导者也应该逐步过渡到更具有指导性和支持性的领导风格，以培养团队的自主性和创新能力，过度依赖指令可能会限制团队的发展潜力。

2.1.4 自我效能感

根据社会认知理论，自我效能感是指人执行既定过程或行动以完成特定目标的能力的信念[6, 11]，也是指个体对自己在特定环境中实现预期结果的能力的信任程度，或者一个人对自己执行某些任务和应对特定困难需求的能力的评估和信心[41]，还可以被解释为一个人对自己成功执行特定行动的能力的信心[42]。这种信念的强度会影响他们的行动、努力程度、面对挑战的毅力[43]，会影响人们执行某些行为的意愿。该意愿是指是否接受或拒绝一项任务，完成任务的时间等[44]。这也意味着个体有能力约束自己对技能的信念和执行这些技能所需的行为[45]。自我效能是一个经常使用的认知概念。它是通过经验直接和间接传递的，主要来源于四个因素：绩效成就、替代经验、口头说服和生理状态[6]。"自我效能感"与员工对自己执行任务、迎接挑战和找到解决方案的能力的信念有关。它是通过反复成功地完成活动以及完成各种任务而增加的。换句话说，那些自我效能水平较高的人更有可能在各种环境中取得成功[46]。

有学者认为，自我效能感与工作满意度呈显著正相关[11]。自我效能感、职业承诺和工作幸福感之间存在显著的正相关关系[46]。一些学者从不同职业角度，进一步验证了这一结论，如：裁判的职业自我效能感与工作满意度之间存在显著的正相关[45]；校长的自我效能感正向影响工作满意度[43]；教师的自我效能感在师生关系、学校决策和课堂教学三个领域影响教师的工作满意度和职业承诺[47]；教师的自我效能感会影响教师的教学行为，影响学生的学习热情和学习成绩；具有较高教学策略和课堂管理自我效能感的教师的工作满意度较高，而工作压力较大的教师工作满意度较低，学生的自我效能感会显著影响他们的成就和行为[48]；大学生满意度与大学生自我效能感、社会自我效能感和一般自我效能感之间呈显著相关[44]。在调整自我效能变量后，工作满意度与任务、社会和工作特征显著相关，此外，任务特征和社会特征在自我效能感和工作满意度中起完全的中介作用，这表明，员工的工作满意度是基于他们对自己能力的信心，并相信任务和社会特征对工作满意度有优势。这些结果为理解自我效能感和工作满意度之间的关系提供了重要的提示[11]。

作为应用最广泛的心理学理论之一，自我效能理论为影响许多领域行为的研究提供了基础。有学者认为，较高的受教育程度与较高的自我效能感之间存在显著相关关系[45]，但另一些学者认为与拥有博士学位的教师相比，拥有硕士学位的个人对他们的工作更满意。这可能是因为高水平的教育会提高人们的工作期望，从而影响他们的工作满意度[42]。自我效能感受自主性和胜任力满意度的直接影响，而自我效能感的中介作用间接影响工作满意度，人际关系满意度对工作满意度有直接影响，而对自我效能感没有直接影响，生活满意度受自我效能感的影响，并受工作满意度的中介作用[41]。

2.1.5 薪酬结构

薪酬是雇员从雇主那里获得的金钱和非现金津贴的总和，可分为内在或外在薪酬、货币或非货币薪酬、直接或间接福利[8]。薪酬也可以分为财务薪酬和非财务薪酬。财务薪酬是指员工获得的货币补偿，包括工资、奖金、家庭福利等；非财务薪酬是指员工获得的非货币性报酬，包括设施、医疗保险、培训机会和晋升机会[49]。此外，有学者将财务薪酬分为直接薪酬和间接薪酬。直接薪酬包括工资、奖金、佣金等，而间接薪酬包括娱乐、各种保险服务等；间接薪酬包括表扬、自尊和认可等，它可以影响员工的积极性、生产力和满意度[50]。Zayed，Rashid，Darwish，Faisal-E-Alam，Nitsenko and Islam[51]认为薪酬体系包括基本工资、租金、假期、医疗、交通、娱乐、交通、食品和其他津贴，而Ismail，Ibrahim and Girardi[52]则认为薪酬设计分为薪酬结构和薪酬水平两个维度。薪酬结构是指同一组织内不同工作、技能和绩效的薪酬比例。薪酬水平是指平均工资水平，包括基本工资、加薪、福利、津贴和额外津贴。

薪酬是企业为获得员工的服务而支付的报酬，是员工的生活来源，是根据员工为公司服务的程度、质量和实际情况而定的，它与员工的抱负密切相关。公司的薪酬方案会显著影响员工继续工作的意愿，影响工作满意度、承诺和奉献精神[51]，会影响工作满意度和组织承诺[8]，提高经理人股权薪酬的比例，是将薪酬与业绩挂钩的一个具体途径[53]。

2.1.6 教师工作满意度

对工作态度，尤其是工作满意度的研究始于 20 世纪 30 年代。工作满意度是指对工作的感受和态度，它是一种积极的态度或愉快的情绪状态，产生于一个人的工作价值与个人需求一致，对工作有认同感并将工作视为满足其更高层次需求的手段的时候[10]。它也被描述为对工作评估结果的愉快、积极的情绪[54]。一个人在多大程度上认为他们的需求与他们的工作有关，决定了他们的工作满意度高低[55]。

工作满意度可分为情感工作满意度和认知工作满意度。情感工作满意度是个体对工作的情感表达，如快乐地工作；认知工作满意度是指人们对自己的薪水、工作保障、工作条件和工作日程的感觉。工作满意度被认为是必要的，因为高的工作满意度对工作产生有利的影响；相反，低的工作满意度对工作产生负面的影响[56]。教师的工作满意度由一系列与教师相关的因素构成。影响教师工作满意度的因素可以分为外部因素和内部因素两类：外部因素包括校园安全、工资、工作量、社会地位、学校资源和领导支持；内部因素受影响专业内部满意度的因素控制，如师生合作、课堂管理、学生特点等[57]。

工作满意度包括工作舒适度和工作成就感，工作舒适度与个体的低阶需求有关，而工作成就感与个体的高阶需求有关[55]。有学者认为，工作满意度源于对绩效评估的愉快或积极的态度。教师的绩效越好，成就越多，教师的工作幸福感越高[58]。也有学者认为，工作满意度取决于一个人在工作中的实际回报和预期回报之间的差距[59]。当工作有意义并且满足了员工的需求时，员工就会对工作感到满意[56]。还有，工作满意度与薪酬呈正相关，工作幸福感与主管满意度呈正比[10]。此外，工作承诺显著影响教师的工作满意度，而校长的人际能力和技术能力显著影响教师的工作承诺和满意度[56]。在工作满意度的中介作用下，领导行为对工作投入有显著影响[59]。

2.2 理论基础

2.2.1 路径-目标理论

领导理论的研究侧重于检验领导的有效性，被广泛认为是管理理论研究的一个突出领域。领导理论研究的核心是识别影响领导有效性的因素并制定提高领导有效性的策略。在过去的几十年里，对领导理论的研究产生了三种主要的观点：领导特质理论（Traits Theories Leadership）、领导行为理论（Leadership Behavior Theory）和领导权变理论（Contingency Theory Leadership）。

领导特质理论主要关注领导者自身的特质，认为领导者具有某些与生俱来或可以通过后天培养的特质。这些特质使得他们能够有效地领导他人。领导特质理论的优点在于它强调领导者自身独特的品质与特质对领导有效性的影响。这些特质包括雄心和精力、领导意愿、正直与诚实、自信、智慧以及与工作相关的知识等。这些理论为某些特质确实能提高领导者成功的可能性的证据。此外，领导特质理论在领导干部遴选和培养方面具有广泛的适用性，有助于理解和培养领导者的核心特质。然而，领导特质理论的不足也显而易见。首先，并没有普遍适用性的特质，可以在所有情境下都适用的领导力，特质对行为的预测在弱情境中更有效，而在高度规范化的组织以及那些拥有较强文化的组织中，特质对领导的预测力很可能受到限制。其次，在分离原因与结果方面的证据尚不明显，例如，是领导者先天就具备自信的特质，还是后天的工作使领导者建立了自信。最后，特质理论还容易导致对领导现象的神秘化与过度的个人崇拜，难以解释为什么同样的特质产生不同的领导绩效，而不同的特质同样产生良好的绩效。

领导行为理论集中研究领导的工作作风和行为对领导有效性的影响，主要研究成果包括：库尔特·勒温（K. Lewin）的三种领导方式理论、伦西斯·利克特（R. Likert）的四种管理方式理论、领导四分图理论、管理方格理论、领导连续统一体理论等等。这些理论主要是从对人的关注和对生产的关心两个维度，以及上级的控制和下属参与的角度对领导行为进行分类。这些理论在确定领导行为类型与群体工作绩效之间的一致性关系上取得了有限的成功。领导行为理论认为，领导者的行为风格，如民主型、权威型等，对团队的动力和绩效具有直接的影响。这一理论的发展为理解领导行为提供了更具体的框架。领导行为理论的优点在于转变了领导研究的重心，从关注领导者个人特质延伸到领导者与被领导者的互动关系，关注领导者做了什么以及是如何做的。这种理论具有启发性，提出了"任务行为"和"关系行为"两种关键领导行为，促使领导者从工作任务和人际关系两个方面来审视自己的行为，完善自己的领导风格。然而，领导行为理论也存在一些缺点。首先，它没有充分说明领导者的行为与风格之间的关联性，没能在任务行为和关系行为与行为结果之间建立起可靠的联系。这意味着，尽管该理论提供了对领导行为的分类，但在实际应用中，领导者可能难以明确如何将这些理论应用于具体情境中，以达到最佳效果。其次，领导行为理论认为大多数有效的领导风格都是"团队型"的，忽视了领导情境的影响和作用。其局限性在于，它假设了一种理想的领导风格，而没有考虑实际工作中领导风格可能需要根据不同的情境进行调整。

领导权变理论是领导理论研究的一个重要里程碑。它强调，没有一种固定最佳的领导方式，领导方式的有效性取决于多种因素，包括下属的成熟度、工作环境、组织文化等。领导权变理论提出了根据不同情境调整领导策略的观点，认为有效的领导是领导者风格与下属需求和环境因素相匹配的结果。领导者的管理方法应根据其所处的环境和下属的特点进行调整，以达到最有效的管理效果。最具代表性的领导权变理论是心理学家弗雷德·菲德勒（Fred E. Fiedler）在1962年提出的连续性领导理论和罗伯特·豪斯在1977年提出的路径-目标理论。根据弗雷德·菲德勒的权变理论，领导是一个动态的过程，领导者与环境中的其他因素相互作用，只有在某些时候，才会有一种普遍最优的领导方式。与雷德·菲德勒的观点不同的是，罗伯特·豪斯的路径-目标理论认为领导方式是弹性的，领导者的责任就是根据不同的环境因素来选择不同的领导方式。他将领导风格分为四种类型，分别是参与型、支持型、指令型和成就型，领导者可以根据不同的情况选择最适合下属特征和工作需要的领导风格，这四种领导方式可能在同一个领导者身上出现。

继罗伯特·豪斯后，在华盛顿大学的管理学教授特伦斯·米切尔（Terence R. Mitchell）的帮助下，这一理论得到了改进和补充。根据路径-目标理论的核心思想，领导者的责任是通过管理手段帮助下属实现目标。与此同时，领导者为员工提供必要的指导和支持，以确保他们的个人目标与团队目标一致。个人目标和团队目标的一致性促进了员工的个人成长，保证了组织价值的实现。路径-目标理论源于这样一种信念，即有效的领导者会为员工指明实现个人和团队目标的有效途径，它为下属提供了明确的指导，以消除实现实际目标过程中的障碍，使他们更容易取得成功。

路径-目标理论具有如下优势：首先，路径-目标理论提供了一种有用的理论框架，有助于理解各种不同的领导行为是如何对员工的满意度以及工作绩效产生影响的。通过明确指明实现工作目标的途径来帮助下属，并为下属清理各项障碍和危险，从而使下属的履行更为容易，提高了员工的工作满意度和绩效。其次，路径-目标理论提出了四个关键的工作设计要素，包括任务明确性、任务复杂性、工作关系和工作条件。这些要素的合理安排有助于提高员工的工作满意度和绩效。最后，路径-目标理论的提出就是为了解释领导者应当如何通过选择最符合员工自身需求和工作情境需求的行为，来帮助其下属沿着通向他们目标的道路前进。该理论强调领导行为应适应不同的工作情境和员工需求。

路径-目标理论的缺点主要集中在两个方面：一是目标制定困难。虽然目标管理是一种在企业中应用非常广泛的技术，其基本核心是通过群体共同参与制定具体的、可行的而且能够客观衡量的目标。然而，在目标制定的过程中可能会遇到困难，包括如何确保目标的明确性和可行性。二是可能面临实施成本增加和结果不佳的风险。目标管理的实施可能会增加成本，尤其在初期需要投入较多的资源和时间来制订和实施目标管理计划。此外，如果目标管理计划设计不当或执行不力，可能导致目标实施成本增加和目标管理结果不佳。

综上所述，路径-目标理论通过提供明确的路径和目标设定，以及适应性的领导行为，有助于提高员工的工作满意度和绩效。然而，在实施过程中可能会遇到目标制定的困难，以及实施成本增加和目标管理结果不佳的风险。

领导风格是领导者在其活动中使用的相对固定的和经常使用的行为方法的总和。根据不同的理论流派，领导风格有不同的分类结果，学者们总结了领导风格理论的发展及其代表（Miao，2021）。本研究选择的领导风格更多是基于路径–目标理论下的领导风格类型中的三个，分别是参与型领导风格、支持型领导风格和指令型领导风格。

2.2.2 自我效能理论

自我效能理论是由美国心理学家阿尔伯特·班杜拉（Albert Bandura）于1977年提出的一种认知行为理论，该理论认为，自我效能感是指个体对自己在特定情境下完成任务的能力的信念，这种内在的认知评价不仅影响我们的决策过程，还深深地塑造了我们面对挑战和困难的态度，以及我们在日常生活和职业发展中的行为表现[6]。它包括对自己能力的评价，以及对自己能否成功应对挑战的信心。阿尔伯特·班杜拉认为，自我效能感是通过观察他人的行为、反馈、经验和情绪反应来形成的，它并非依赖于实际能力，而是个体对未来行为结果的预测和期待，它对行为的影响表现在目标设定、努力程度、毅力、抗压能力和情绪调节等多个方面。

首先，自我效能感在目标设定与行为选择中起着决定性的作用。在面临一项新的任务或挑战时，个体首先会基于自我效能感的水平对任务的价值和自身完成的可能性进行评估。如果他们认为任务值得尝试，且自身具备较高的成功概率，他们就会选择熟悉的策略进行应对。这可能是他们过去的经验告诉他们这是最有效的路径。反之，如果任务看起来过于艰巨，或者他们对自己的能力缺乏信心，他们就可能选择避免，以免遭受失败。比如，一个新入职的项目经理，如果他对项目的复杂性有充分的了解，并且对自己有能力管理好这个项目有较高的自我效能感，那么他将更有勇气接受挑战；反之，如果他对此感到不安，那么他可能会倾向于寻找更为简单或者已有经验的任务。

其次，自我效能感对于面对困难的坚韧性和毅力具有显著影响。人们在工作、学习和生活中都会遭遇挫折和阻碍。那些具有较高的自我效能感的个体会把困难看作提升能力和实现目标的机会，即使面临困境也会坚持下去，不会轻易放弃。他们会调整策略，寻找解决问题的方法。这种积极的心态往往能推动他们走向成功。相反，具有较低自我效能感的个体在遇到困难时可能会选择逃避，因为他们担心失败，这种消极的态度往往导致他们错失成长和进步的机会。例如，一位热爱教育的教师将教学视为自己的职责，在工作中有很高的自我效能感，当他在工作中遇到困难时会尽最大的努力去克服困难，从而更容易成功，而不热爱教育的教师其自我效能感低，遇到困难时容易放弃，因而这类教师获得成功的机会相对较少。

最后，自我效能感会对个体的心理状态产生深远的影响。拥有高度自我效能感的人，他们对自己能力的信心使得他们在面对压力和挑战时更加镇定自若，能够保持积极乐观的态度。他们相信自己能够解决问题，这种积极的心理预期可以转化为行动力，驱动他们主动去追求目标，从而提高工作效率和生活质量。反之，自我效能感较低的人，他们可能会陷入自我怀疑和担忧之中，这可能导致他们在面对问题时缺乏决断和动力，进而影响他们的心理健康。值得注意的是，自我效能感并不是一成不变的，它可以随着个体的经历和反馈而改变。每一次的成功经历都能增强自我效能感，而失败则可能降低它。因此，通过反思、学习和实践，人们可以逐步提升自我效能感，这对个人成长和职业发展至关重要。

总的来说，自我效能感作为社会学习理论的重要组成部分，深刻地影响着我们的行为选择、应对困难的方式以及心理状态，能够有效地解释在特定情境下动机产生的原因，有助于深入理解人类行为动机。人们可以通过以下方式，有效地提升个人的自我效能感，从而在面对挑战和困难时更加自信和坚定：一是设立合适的目标。给自己设立可以完成的目标和任务，并把任务分解成小的目标和任务，通过不断的小成功来提升自我效能感。二是找到合适的比较对象。通过与自己能力相近的人比较，发现自己的长处与不足，有助于提高自我效能感。三是合理归因。深入分析自己成功和失败的原因，将成功归因于自己的努力，将失败归因于不够努力，这样可以增强自我调控感，从而逐步建立自我效能感。四是增加成功经验的积累。通过亲自做一件事情并成功地完成它，增强对自己能力的信任。五是替代榜样的激励。通过观察能力水平相当者的活动，获得对自己能力的一种间接评估，使观察者相信，当自己处于类似的活动情境时，也能获得同样的成就水平。六是语言说服。通过他人的指导、建议、解释及鼓励等来改变人们的自我效能感。七是培养和调节情绪和生理状态。保持良好的生理和情绪状态，有助于增强自我效能感。

自我效能理论在解释人类行为动机方面具有显著的优势，但也存在主观性和缺乏实证研究等方面的局限性。深入理解并提升自我效能感，可以帮助我们更好地面对生活中的挑战，实现自我价值，从而在社会中发挥更大的作用。

2.2.3 双因素理论

双因素理论亦称"激励-保健理论"，是美国心理学家弗雷德里克·赫茨伯格（Frederick Herzberg）于1959年提出的。他把组织中有关因素分为两类：一类是满意因素，另一类是不满意因素。满意因素是指可以使人得到满足和激励的因素，即激励因素。不满意因素是指容易产生意见和消极行为的因素，即保健因素。激励因素与工作本身或工作内容有关，包括成就、赞赏、工作本身的意义及挑战性、责任感、晋升、发展等。如果这些因素得到满足，可以使人产生很大的激励，而如果这些因素得不到满足，也不会像保健因素那样产生不满情绪。保健因素的内容包括薪酬、福利、同事关系、组织文化和管理等。这些因素都是工作以外的因素。如果这些因素得到满足，能消除员工的不满情绪，维持原有的工作效率，但不能激励人们更积极的行为，而如果这些因素得不到满足，会使员工产生不满情绪。Herzberg，Mausner and Snyderman [7] 认为这两种因素是影响员工绩效的主要因素。

双因素理论是一种有效的管理理论，在提高员工满意度的同时强调了激励因素和保健因素的结合，合理的薪酬结构可以提高员工的工作满意度、激发员工的工作热情。这一理论有助于管理者更好地组织和管理员工，从而获得更好的组织绩效。在实际工作中，借鉴这种理论来调动员工的积极性，不仅要充分注意保健因素，避免员工产生不满情绪，还要注意利用激励因素激发员工的工作热情，使其努力工作。如果只顾及保健因素，仅仅满足员工暂时没有不满情绪，很难创造出一流的工作业绩。双因素理论还可以用来指导设计薪酬体系，在富有激励的薪酬体系中，既要设计满足保健因素的基本薪酬，又要设计与组织价值或部门效益挂钩的奖励薪酬。这样既能对员工起到激励作用，又能将员工的价值和组织的价值相联系，促使员工在实现自我价值的同时实现组织的价值，如设置绩效奖金、股份支付计划等。双因素理论图解如图2-1所示。

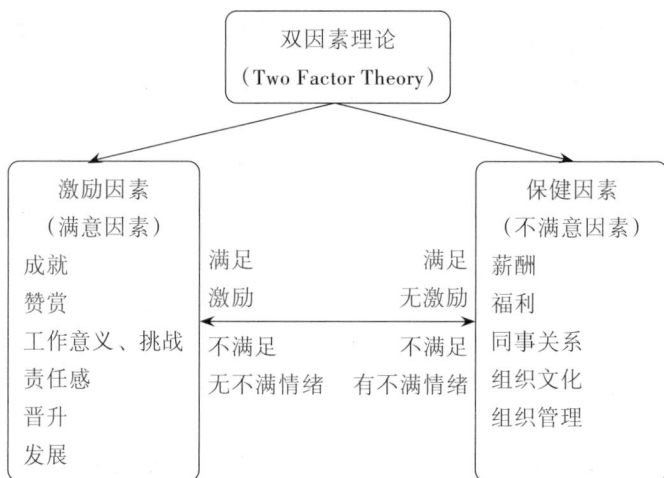

图2-1　双因素理论图解

双因素理论的科学价值，不仅对做好奖励工作具有一定的指导意义，而且对如何做好人的思想政治工作提供了有益的启示。人在工作中，未必单纯地追求物质刺激或回报，因此在调动员工积极性时，不能只寄托于物质鼓励方面，还要加强精神上的鼓励，将物质鼓励与精神鼓励相结合，充分发挥精神鼓励的作用。只有这样才能更有效地激发人的工作热情。

2.3　理论框架

第一个理论框架借鉴了 Al-Sada et al. 于2017年撰写的论文中的研究框架。在这篇论文中，他们分析了领导风格对教育部门的员工工作满意度的影响。该研究与本研究课题的主题显著相关。Al-Sada et al. 的研究重点探讨了组织文化、领导风格、员工工作满意度、工作动机和组织承诺之间的相互作用。他们认为组织文化和领导风格是影响组织绩效的关键人力资源要素，这些相互关联的要素共同影响着组织劳动力的效率和有效性。分析和调查这些变量之间错综复杂的关系对于培养管理者和培育良好的组织文化具有显著的意义[60]。领导风格反映领导和下属关系，受工作环境、性格、人际关系等因素的影响[61]，它是后天习得的而不是天生的[62]，是领导和下属之间互动的结果[63]。Al-Sada，Al-Esmael and Faisal[60] 在 Yukl（2010）的研究的基础上，将"领导风格"定义为"引导他人掌握和认可任务的内容和方式"，同时推动个人和团队实现共同成就的艺术，并借鉴路径-目标理论，将领导风格分为参与型、支持型、指令型和成就型领导风格。他们的研究采用 Harris，Lloyd C.，Ogbonna and Emmanuel[64] 设计的量表设计领导风格问卷。该量表共13个条目，分为参与型领导（5个项目）、支持型领导（4个项目）和指令型领导（4个项目）。Macdonald and MacIntyre[65] 引入的教师工作满意度量表由10个项目组成。所有量表均采用李克特量表进行设计。经过对数据的分析检验证明，三种类型的领导都显著影响了工作满意度。

相关研究的理论框架和来源如图2-2所示。

图2-2 "卡塔尔教育部门组织文化和领导风格对员工满意度、承诺和动机的影响"的研究框架①

第二个理论框架来自 Demir[66] 就土耳其哈塔伊省33所中学的321

① AL-SADA M，AL-ESMAEL B，FAISAL M N.Influence of organizational culture and leadership style on employee satisfaction，commitment and motivation in the educational sector in Qatar [J]. EuroMed Journal of Business，2017，12（2）：163-188.

名教师的自我效能感与工作满意度的研究。Selcuk Demir在该研究中探讨了自我效能感、组织承诺、动机和工作投入之间的关系。研究者认为，自我效能感正向影响教师工作满意度，它可以帮助教师对工作环境产生积极的态度，是建立成功的教育系统的关键。该研究采用五级李克特量表设计问卷，自我效能感的测量采用 Schmitz and Schwarzer[67]修改的量表。工作满意度是对工作条件的情感和内在反应，取决于下属对工作、同事和工作场所的感受[68, 69]。自我效能感是指人们对实现目标和完成特定工作任务的信念[70]，它会影响人们的决策偏好，影响人们为实现目标所付出的努力，影响人们在面对困难时坚持的时间，从而有助于教师提高教学潜力。具有较高自我效能感的人更善于克服挑战，而具有较低自我效能感的人在克服困难时付出的努力较少[71]。

相关研究的理论框架和来源如图2-3所示。

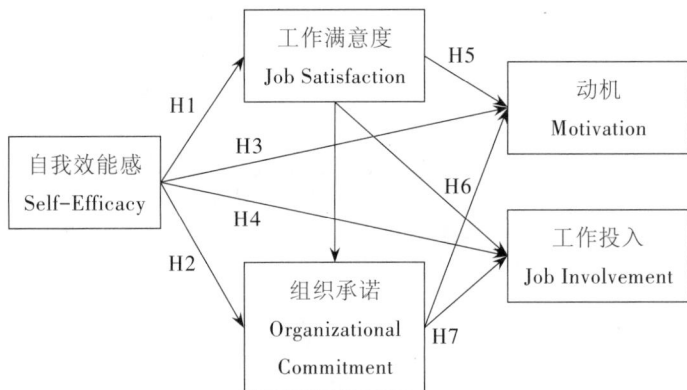

图2-3 "自我效能感在工作满意度、组织承诺、动机和工作投入中的作用"的研究框架①

薪酬是员工从公司获得的所有现金和福利的总和[72]。薪酬可分为

---

① DEMIR S. The role of self-efficacy in job satisfaction, organizational commitment, motivation and job involvement [J]. Eurasian Journal of Educational Research, 2020, 20 (85): 205-224.

基于绩效或能力的薪酬、基于技能的薪酬和基于工作的薪酬。其中最普遍的是基于工作的薪酬，它取决于任务的复杂性、责任和重要性[73]。基于技能的薪酬取决于员工的知识和能力[74]，而基于绩效或能力的薪酬则取决于员工的绩效[75]。第三个理论框架来源于Ashraf[8]有关组织承诺、人口特征和孟加拉国私立大学员工工作满意度之间的直接和间接关系的研究。该研究分析了工作满意度和薪酬结构之间的相关性，研究对象是来自孟加拉国20所私立大学的550名教师的随机样本。研究者使用结构化问卷收集数据，并使用结构方程模型（SEM）进行数据分析。Ashraf的研究采用Teclemichael Tessema and Soeters[76]、Lambert and Hogan[77]以及Meyer，Stanley，Herscovitch and Topolnytsky[78]开发的量表。该量表分为两部分，第一部分包括六个人口统计变量：性别、年龄、教育程度、职称、月收入和任期，第二部分是薪酬结构变量的量表（10个项目）、工作满意度量表（5个项目）和组织承诺量表（14个项目）。其研究结果表明，员工的薪酬受多种人口因素的影响，进而影响工作满意度和组织承诺，薪酬结构显著影响工作满意度。相关研究的理论框架和来源如图2-4所示。

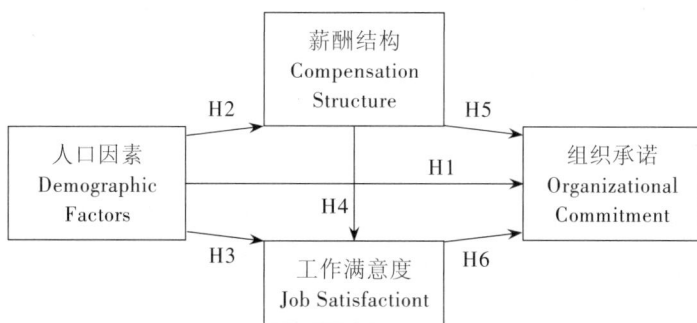

图2-4　"人口因素"理论研究框架、薪酬、工作满意度与组织承诺：

基于SEM的分析的研究框架①

①　ASHRAF M A.Demographic factors，compensation，job satisfaction and organizational commitment in private university：an analysis using SEM［J］．Journal of Global Responsibility，2020，11（4）：407-436.

2.4 概念框架

本研究旨在探讨影响民办高校教师工作满意度的因素，使用的三个基本理论是路径-目标理论、自我效能理论和双因素理论。本研究的概念框架源自 Al-Sada et al.（2017），Demir（2020）和 Ashraf（2020）的三个理论框架。第一个框架支持研究领导风格对教师工作满意度的影响，第二个框架支持研究自我效能感对教师工作满意度的影响，第三个框架支持研究薪酬结构对教师工作满意度的影响。本概念框架包括一个因变量和五个自变量。五个自变量分别为参与型领导风格（PLS）、支持型领导风格（SLS）、指令型领导风格（DLS）、自我效能感（SE）和薪酬结构（CS），因变量为教师工作满意度（TJS）。本研究不涉及中介或调节变量，概念框架如图2-5所示。

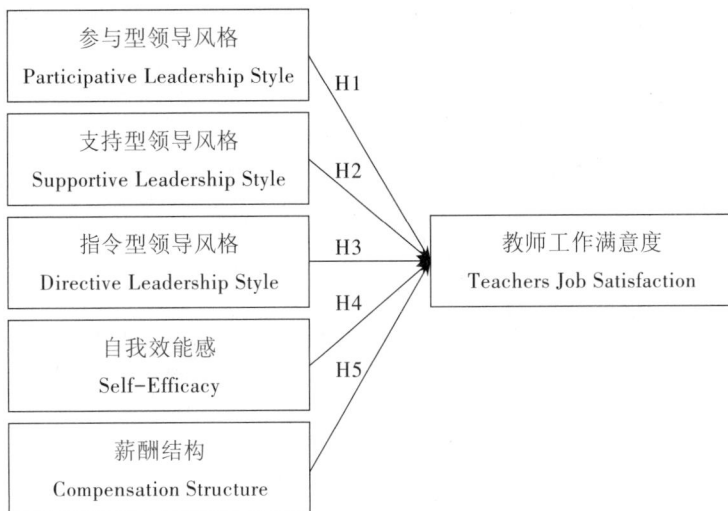

图2-5 教师工作满意度影响因素的概念框架

基于已构建的概念框架，研究人员旨在检验变量之间的五个相互关系。第一个关系是参与型领导风格与教师工作满意度的关系，其中参与型领导风格为自变量，教师工作满意度为因变量。第二个关系是支持型领导风格与教师工作满意度的关系，其中支持型领导风格为自变量，教师工作满意度为因变量。第三个关系是指令型领导风格与教师工作满意度的关系，其中指令型领导风格为自变量，教师工作满意度为因变量。第四个关系是自我效能感与教师工作满意度的关系，其中自我效能感为自变量，教师工作满意度为因变量。最后一个关系是薪酬结构与教师工作满意度的关系，其中薪酬结构是自变量，教师工作满意度是因变量。

2.5 研究假设

2.5.1 参与型领导风格与教师工作满意度

让下属参与管理决策的参与型领导风格，受到学者们的广泛关注[79-82]。参与型领导通常被称为民主领导方式，它要求下属积极参与决策和管理过程[9, 17, 83, 84]，赋予员工责任和自主权[85]，特别关注员工，并为员工提供个性化支持[86]。参与型领导可以增强员工的主人翁精神和归属感，使他们更容易将个人抱负和职业抱负结合起来，这将有助于组织实现其目标。参与型管理和与员工分享决策权有利于员工的工作满意度[87-89]，与员工的工作满意度呈正相关[18]，并能提高员工的工作成就感[90]。这种领导风格旨在挖掘团队成员的集体见解和观点，在组织内培养主人翁精神和在组织内培养员工的归属感。参与型领导旨在利用不同的观点，促进开放的沟通，并最终通过征求各级员工的意见来促进更投入、更有动力的员工队伍。这种方法因其提高问题解决、创造力和整体组织效率的潜力而日益得到认可。因此，本研究提出以下假设：

H1：参与型领导风格对教师工作满意度有显著影响。

2.5.2 支持型领导风格与教师工作满意度

支持型领导关心、接受、尊重和支持下属成长，通过促进员工之间的合作和团结，有助于保持团队完整性[5]，这种领导风格通过在工作场所提供社会情感支持，对包括工作满意度在内的工作成果具有积极的影响[24, 91]。支持型领导风格会影响员工行为，增强管理者和员工之间的关系，增加工作幸福感[92]。在支持型领导行为中，管理者为下属创造友好的心理支持和工作环境，可以提高下属的自信心，激励下属满足工作需求，对员工工作满意度有正向影响[93]，从而提高员工工作满意度[22]，组织内的管理者可以采用支持型领导风格来提高员工的工作满意度[94]。因此，本研究提出以下假设：

H2：支持型领导风格对教师工作满意度有显著影响。

2.5.3 指令型领导风格与教师工作满意度

正如路径-目标理论所概述的那样，领导者的角色包括帮助追随者实现目标，同时提供必要的指导和激励，以确保个人愿望与集体目标保持一致。这个理论强调领导者有责任提供方向，并营造一个鼓励个人和团队目标一致的环境。通过这样做，领导者可以促进团队内部的目标感和合作感，从而有助于提高整体绩效。当领导者弥补劳动力或工作场所的缺点时，员工的绩效和幸福感会增加[95]。领导者应该根据手头的任务和直接下属的特点采取适当的领导风格[96]。指令型领导风格对工作满意度有良好的影响，特别是当任务表现出模糊性或缺乏明确性时[97]，指令型领导风格与下属的工作满意度呈正相关[98]。在这种情况下，员工通常会从能够提供明确指示的领导者那里获得安慰和信心。这种形式的领导有助于降低不确定性，使员工更有效地驾驭任务，最终有助于产生积极的工作满足感。因此，本研究提出以下假设：

H3：指令型领导风格对教师工作满意度有显著影响。

2.5.4 自我效能感与教师工作满意度

班杜拉将自我效能定义为个体执行既定过程或行动以完成特定目标的能力的信念。自我效能感会影响人们如何选择和坚持一份工作，如何应对挑战，以及如何在工作中学习新的行为和感受[6]。高自我效能感对克服挫折和错误具有重要意义[99]。拥有较高自我效能感的个体往往对自己有效应对外部刺激的能力表现出更大的信心[100]。这种高度的自信源于他们相信自己有能力应对挑战和驾驭各种情况。这时个体更愿意承担任务[101]，并且具有更乐观的想法。这更有利于他们的工作满意度[100]。自我效能感强的人更有可能以积极的态度和积极的心态来处理任务和适应环境，从而提高绩效结果和获得更大的成就感。自我效能感可以预测教师在工作中的快乐程度[48, 102, 103]，它与教师的工作满意度密切相关[42, 104, 105]。因此，本研究提出以下假设：

H4：自我效能感对教师工作满意度有显著影响。

2.5.5 薪酬结构与教师工作满意度

美国心理学家弗雷德里克·赫茨伯格于1959年提出的双因素理论，将企业的重要因素分为满意因素（激励因素）和不满意的因素（保健因素）[7]。二者在影响员工满意度方面的作用机制不同。激励因素包括成就感、认可、责任、成长机会等。这些因素能直接提升员工的工作满意度。保健因素则包括工作环境、管理方式、薪酬福利等，其主要作用在于避免员工产生不满情绪。满足员工的激励因素和保健因素对激励员工表现得更积极至关重要。工作中，组织优先考虑保健因素以防止员工产生负面情绪，同时注重关注激励因素以确保员工情绪健康，培养积极性，激活员工的动机。基于双因素理论，公平的薪酬体系可以有效减少教师因薪酬分配不均引起的不满情绪，从而提高其对工作环境、管理方式等保健因素的满意度。通过优化薪酬结构（如绩效奖金、职业发展机会等），能够直接提升教师的工作满意度。同时，这种提升又会通过激励因素的增强而得到进一步加强。合理且具有竞争力的薪酬体系能够吸引更多优秀人才加入教育行业，同时也能激励在职教师更加努力地工作，从而间接提升其工作满意度。因此，本研究提出以下假设：

H5：薪酬结构对教师工作满意度有显著影响。

2.6 关键变量

已构建的概念框架包括五个自变量和一个因变量，全部变量的解释及量表见表2-1。

表2-1 **概念框架中的变量**

变量	变量的概念	量表项目	测量尺度
参与型领导风格（PLS）	参与型领导者会征求团队成员的意见，与他们讨论工作场所的问题，并将他们的想法纳入团队或组织将作出的决策中[5]	PLS 1：Before making decisions，leader considers what his/her subordinates have to say. 在做决定之前，领导会考虑下属的意见 PLS 2：Before taking action，leader consults with subordinates. 在采取行动之前，领导会咨询下属 PLS 3：When faced with a problem，leader consults with subordinates. 当遇到问题时，领导会向下属咨询 PLS 4：Leader asks subordinates for their suggestions. 领导会向下属征求意见 PLS 5：Leader listens to subordinate's advice on which assignments should be made. 领导听取下属的建议，应该分配哪些任务	定距尺度

变量	变量的概念	量表项目	测量尺度
支持型领导风格（SLS）	为下属创造一个温馨的工作氛围，为下属提供心理支持，关心他们的健康，这些都是支持型领导行为的例子。支持型领导行为也指满足下属要求和偏好的行为[12]	SLS 1：Leader helps to make people working on their tasks more pleasant.领导帮助人们更愉快地完成任务 SLS 2：Leader looks out for the personal welfare of group members.领导关心团体成员的个人福利 SLS 3：Leader does little things to make things pleasant.领导会做一些小事来使事情变得愉快 SLS 4：Leader treats all group members as equal.领导平等对待所有团队成员	定距尺度
指令型领导风格（DLS）	指令性领导风格指的是领导者为下属提供明确的工作指引，让他们根据团队的目标作出决策和行动[9]	DLS 1：Leader explains the way tasks should be carried out.领导解释任务应该如何执行 DLS 2：Leader decides what and how things shall be done.领导决定做什么和怎么做 DLS 3：Leader maintains definite standards of performance.领导保持明确的绩效标准 DLS 4：Leader schedules the work to be done.领导安排要完成的工作	定距尺度
自我效能感（SE）	自我效能感是指个体对自己有效执行某一特定行为的能力的信心。当人们相信自己能完成一项任务时，他们会更有信心完成类似的任务[42]	SE 1：If I try hard, I can always accomplish a task efficiently.如果我努力，我总能高效地完成任务 SE 2：Even objected by others, I still can manage to get what I want.即使别人反对，我仍然可以设法得到我想要的 SE 3：Sticking to my dream and realizing it is easy with no difficulty to me.坚持我的梦想并实现它对我来说很容易，没有困难 SE 4：I have confidence to efficiently response to sudden evens.我有信心有效地应对突发事件 SE 5：I maintain that I have the talent to overcome obstacles.我坚持认为自己有克服困难的才能 SE 6：If I make the effort, I can solve most of the obstacles.如果我努力，我可以解决大部分障碍	定距尺度

变量	变量的概念	量表项目	测量尺度
自我效能感（SE）	自我效能感是指个体对自己有效执行某一特定行为的能力的信心。当人们相信自己能完成一项任务时，他们会更有信心完成类似的任务[42]	SE 7：Since I believe that I have the capacity to solve problems, I can keep a cool head when I am confronted with difficulties. 因为我相信自己有能力解决问题，所以在遇到困难时能保持冷静 SE 8：When come across a problem, I can always find out several solutions. 遇到问题时，我总能找到几种解决办法 SE 9：When come across difficulties, I can always figure out solutions. 遇到困难时，我总能想出解决办法 SE 10：No matter what happened, I can always easily response to various situations. 不管发生什么事，我总能轻松应对各种情况	定距尺度
薪酬结构（CS）	薪酬是指雇员从雇主处收取的薪酬总额，包括现金及附带福利。报酬可分为内在或外在、货币或非货币、直接或间接奖励。这些因素对工作满意度和组织承诺都有影响[8]	CS 1：University provides satisfactory faculty salary. 大学提供令人满意的教师工资 CS 2：Current vacation and leave policy are reasonable. 目前的休假政策是合理的 CS 3：University has good welfare facilities（i.e. health insurance, provident fund, gratuity, etc.）. 大学有良好的福利设施（如医疗保险、公积金、酬金等） CS 4：Festival bonus of the university is competitive. 学校的节日奖金很有竞争力 CS 5：University's extra-course payment policy is reasonable. 学校的课外支付政策是合理的 CS 6：University has a reasonable paid-study-leave policy. 学校有合理的带薪学习假政策 CS 7：University provides skill-based salary allowance. 大学提供技能工资津贴 CS 8：University provides experience-based salary increment. 大学提供基于经验的加薪 CS 9：University provides residence allowance. 大学提供居住津贴 CS 10：University provides transport allowance. 大学提供交通津贴	定距尺度

变量	变量的概念	量表项目	测量尺度
教师工作满意度（TJS）	当一个人的工作价值得到满足时，就会产生一种愉快的态度或愉悦的情绪状态，即工作满意度。当工作的特点与员工的要求一致，工作有趣，工作被认可，工作满足他们的高阶需求时，就会发生这种情况[10]	TJS 1：I get along with supervisors. 我和主管相处得很好 TJS 2：All my talents and skills are used. 我所有的特长和技能都用上了 TJS 3：I feel good about my job. 我对我的工作感觉很好 TJS 4：I receive recognition for a job well done. 我因为工作做得好而得到认可 TJS 5：I feel good about working at this company. 在这家公司工作感觉很好 TJS 6：I feel close to the people at work. 我觉得和同事很亲近 TJS 7：I feel secure about my job. 我对我的工作很有安全感 TJS 8：I believe management is concerned about me. 我相信管理层很关心我 TJS 9：On the whole, I believe work is good for my physical health. 总的来说，我认为工作对我的身体健康有好处 TJS 10：My wages are good. 我的工资不错	定距尺度

2.7　拟实施的战略计划模型

本研究拟实施的战略计划模型如图2-6所示。

战略计划前	当前的教师工作满意度 （TJS）

战略计划前	参与型领导风格（PLS） 支持型领导风格（SLS） 指令型领导风格（DLS） 自我效能感（SE） 薪酬结构（CS）

战略计划前	阶段Ⅰ-诊断 1.明确任务和愿景 2.识别利益相关者、管理者、参与者 3.SWOT分析 阶段Ⅱ-实施 4.设定目标和策略 5.实施计划 阶段Ⅲ-评估 6.计划调整和改进 7.计划结果和可持续性

战略计划前	期望的教师工作满意度 （TJS）

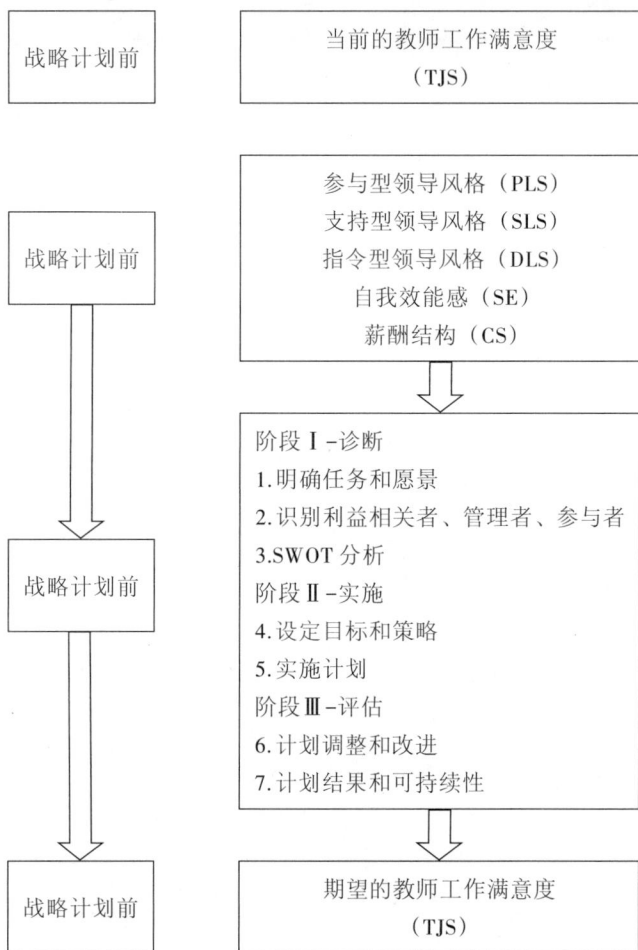

图2-6　拟实施的战略计划模型

3

研究方法论

本章陈述研究的方法论，主要包括研究设计思路，所使用的研究方法，研究的对象、样本量和抽样程序，问卷设计方法和效度测试、信度测试方法和结果，数据收集的方法和程序，数据分析工具和方法，以及战略计划方案设计。

3.1 研究方法

本研究采用定量和定性相结合的方法进行。定量分析采用多元线性回归（Multiple Linear Regression，MLR）和配对样本 t 检验（Pair Sample t-test）。定性分析为文本分析。整个研究分为两大部分：第一部分检验自变量和因变量是否存在相关性；第二部分是实施战略计划，以检验战略计划前后变量是否发生明显变化，从而验证战略计划的有效性。

第一部分，检验自变量和因变量的相关性。首先，研究人员要对全部的量表项目进行"项目-目标一致性"（Item-Objective Congruence，IOC）测试，以检验量表的有效性（效度）。通过"项目-目标一致性"测试后的量表项目，采用五级李克特量表设计问卷，借助"问卷星"在线分发给 15 名受访者进行检测（PILOT TEST），以检验量表的可信度（信度）。通过效度和信度检验后的量表才能用于正式调查。然后，研究者将通过效度和信度检验的量表，采用五级李克特量表设计问卷，借助"问卷星"在线分发给 80 名受访者（教师）进行正式的调查；完成数据收集后，采用"Jamovi"统计分析软件对收集到的数据进行多元线性回归分析。分析结果可以验证自变量与因变量是否存在相关性。研究者将据此结果确定第四章的研究框架和假设，以及相关的战略计划措施。

第二部分，实施战略计划并检验其有效性。本部分划分为战略计划前、战略计划、战略计划后三个阶段。在战略计划前阶段，了解影响教师工作满意度的各种因素并确定需要提高的领域，重点关注目标人群的反应，强调问题的识别和验证，以及干预的可接受性，并设计干预方案。在这一阶段，研究者将选择15名教师参与访谈和观察，以局外人的身份观察教师的表情和回答，使用文本分析方法对收集的定性数据进行战略计划前的诊断分析，以确定影响教师工作满意度的关键因素。完成战略计划前阶段的访谈及内容分析，确定了影响教师工作满意度的关键因素后，研究者据此设计战略计划。这一阶段是实施战略计划和实施干预措施的过程。研究人员从二级学院中选取30名教师实施战略计划。在干预过程中，被干预的教师经历了一个不断变化的过程。干预结束后，进入战略计划后阶段。这一阶段是评估和讨论干预方案实施结果的阶段。研究者再一次向参与战略计划的受访者发放与战略计划前相同的问卷，以收集战略计划后的数据，通过配对样本t检验对战略计划前、后两次收集的数据进行比较分析，验证战略计划前后各变量是否发生显著变化。此外，研究者还通过观察、访谈了解教师在实施战略计划后的变化，全面评估战略计划的有效性。在这一阶段的研究中，研究人员以局外人的身份作为战略计划的实践者进行研究，这样的干预过程和结果评估被认为是客观公正的[106]。

本研究旨在通过对中国A大学部分教师实施有效的战略计划、改变领导风格、提高教师自我效能感、改善教师待遇等措施来提高教师的工作满意度。

3.2 研究对象、样本量和抽样程序

3.2.1 研究对象

本研究选择 A 大学为研究对象。该校位于中国粤西地区的一个沿海城市，其社会文化、经济发展水平以及教育环境具有一定的代表性。这使得研究结果可能不仅适用于粤西地区，还能在一定程度上反映中国其他沿海或经济较发达地区的民办高校的情况。A 大学作为一所本科院校，其师资队伍和教学资源的配置、学生构成以及面临的教育挑战，能够提供一个全面观察教育体系内部教师工作满意度的视角。这种综合性可以揭示不同规模、类型教育机构中教师工作满意度的影响因素。广东作为中国改革开放的前沿阵地之一，其教育政策、社会经济条件等对教师的工作环境和职业发展具有显著影响。通过研究 A 大学的案例，可以探讨政策环境如何影响教师的工作满意度，以及这些因素如何在更广泛的教育系统中发挥作用。选取具体学校进行深入研究，相比广泛调查，可以获得更详尽、深入的数据和信息。这有助于研究人员细致分析特定环境下教师工作满意度的影响因素，包括但不限于薪酬待遇、职业发展机会、工作环境、同事关系、教学资源、学生互动等方面。通过实证研究 A 大学教师的工作满意度，可以验证或修正现有理论框架，同时为改善教师工作环境和提升教师工作满意度提供切实可行的策略和建议。这对促进教育公平、提高教学质量具有重要意义。综上所述，选择 A 大学作为案例进行研究，旨在通过深入了解该校的实际情况，探索影响教师工作满意度的关键因素，并为改善教师工作环境、提升教育质量提供有价值的见解和建议。

A大学目前全日制本科专业的二级学院共有10个，分别是经济与金融学院、管理学院、会计学院、外国语学院、美术与设计学院、音乐与舞蹈学院、建筑工程学院、智能制造学院、教育学院、文化与传媒学院。目前上述二级学院的教师人数见表3-1。

表3-1　　　　　　　　A大学各二级学院教师人数

二级学院	教师人数	二级学院	教师人数
经济与金融学院	74	音乐与舞蹈学院	58
管理学院	67	建筑工程学院	59
会计学院	60	智能制造学院	75
外国语学院	97	教育学院	49
美术与设计学院	80	文化与传媒学院	34
小计	378	小计	275
合计	653		

3.2.2　样本量

Joe，Sarstedt，Hopkins and Kuppelwieser[107]主张回归分析应该每个变量至少包含10个观察值，而Hair，Ortinau and Harrison[108]认为大多数研究的样本量为30~500就足够了。基于上述研究提供的信息，本研究使用6个变量进行多元线性回归分析，总样本量确定为80。在前测阶段用于信度检验的样本量为30。在战略计划前的初步诊断阶段和战略计划后的诊断阶段，接受访谈的受访者人数为15人。参加战略计划的教师人数为30名教师，因此战略计划前、后接受问卷调查的教师人数为30人。各研究阶段的样本量详见表3-2。

表3-2 各研究阶段的样本量

序号	步骤	教师人数	方法
1	总样本量	80	问卷
2	前测（信度检验）	30	问卷
3	战略计划前	15	访谈
4	战略计划	30	问卷
5	战略计划后	15	访谈
6	战略计划后	30	问卷

3.2.3 抽样程序

本研究采用随机抽样法中的分层定比法进行抽样。随机抽样是指按照随机的原则，即保证总体中每一个对象都有已知的、非零的概率被选入作为研究的对象，保证样本的代表性。常用的随机抽样方法主要有纯随机抽样、分层抽样、系统抽样、整群抽样、多阶段抽样等。分层抽样先依据一种或几种特征将总体分为若干个子总体，每一子总体称为一个层；然后，从每层中随机抽取一个子样本，这些子样本合起来就是总体的样本。各层样本数的确定方法有三种，分别是分层定比、奈曼法和非比例分配法。其中，分层定比法即各层样本数与该层总体数的比值相等。例如，样本大小 n=50，总体 N=500，则 n/N=0.1，0.1即为样本比例，每层均按这个比例确定该层样本数。根据分层定比法抽样的基本原理，研究人员按比例确定各二级学院受访教师人数。详细计算公式为：

抽样比例=总样本量/教师总人数=80÷653×100%=12.25%

二级学院受访教师人数（样本量）=抽样比例×二级学院教师总人数

考虑不同二级学院的教师规模以及它们各自对总体样本的贡献，这种方法可以公平地代表来自不同二级学院的教师。通过实施这一方法能全面了解影响 A 大学 10 个二级学院教师工作满意度的情况。各二级学院受访教师人数（样本量）详见表3-3。

表3-3 各二级学院受访教师人数（样本量）

二级学院	教师总人数	抽样比例（%）	样本量
经济与金融学院	74	12.25	9
管理学院	67	12.25	8
会计学院	60	12.25	7
外国语学院	97	12.25	12
美术与设计学院	80	12.25	10
音乐与舞蹈学院	58	12.25	7
建筑工程学院	59	12.25	7
智能制造学院	75	12.25	9
教育学院	49	12.25	6
文化与传媒学院	34	12.25	4
合计	653		80

3.3 研究工具

本研究中使用的量表是先前在类似研究中使用的经过验证的量表。借鉴前人的研究成果，可以提高量表的信度，奠定良好的信度和效度基础。研究人员回顾了影响教师工作满意度的研究。领导风格量表借鉴 Harris and Ogbonna[64] 设计的量表。该量表包括参与型领导风格（5 个项目）、支持型领导风格（4 个项目）和指令型领导风格（4

个项目）。自我效能感量表借鉴 Schmitz and Schwarzer[67] 设计的量表。该量表共有 10 个项目。薪酬结构的量表借鉴 Tessema and Soeters[109] 的量表。该量表共有 10 个项目。教师工作满意度量表借鉴 Macdonald and MacIntyre[65] 的量表。该量表共有 10 个项目。

3.3.1 量表项目效度测试

设计问卷前，必须先对量表项目进行效度测试，以评估量表在结构和内容方面的质量。效度（Validity）是指测量工具或手段能够准确测出所需测量的事物的程度。效度即有效性。测量结果与要考察的内容越吻合效度越高；反之，则效度越低。效度分为三种类型：内容效度、准则效度和结构效度。内容效度是指测量结果是否涵盖了预期目标的全部范围；准则效度是指测量结果与已知、相关的变量之间的相关性；结构效度是指测量结果是否与已知、相关的变量相关。本研究采用内容效度作为评估问卷效度的方法。通过内容效度检验，可以确定问卷是否充分代表和捕捉了所研究行为领域的关键方面。为了检验内容效度，需要邀请符合条件的专业评委（专家）对量表项目进行全面、系统的评价。这些专家在该领域拥有必要的专业知识，能够细致地评估问卷的相关性和全面性。研究人员根据内容效度结果评估量表是否具有调查目标研究对象所需的准确性和适用性。这种严格的验证过程能提高量表结果的可靠性，增强研究结果的整体可信度。

本研究使用"项目-目标一致性"来评估量表的有效性。该测试是将专家对各量表项目的评分表在线发给 3~5 名专家，由专家对各量表项目的有效性进行专业判断和评分，评分范围为-1 至 1。如果量表项目能有效测量该变量，评分为"1"；如果量表项目不确定是否能有效测量该变量，评分为"0"；如果量表项目不能有效测量该变量，评分为"-1"。平均分超过 0.67 的量表项目被归类为可接受的项目，而低于这个阈值的量表项目需要进一步审查。最终，只有得分为 0.67 或更高的量表项目才能用于正式调查，以确保为研究量表提供可靠的项目选择。这种严格的评估过程增强了测量工具的有效性和可靠性[106]。本研究邀请了三位专家对基于先前研究开发的问卷进行评价。这三位专家都是大学教授，其中两位拥有博士学位。专家们根据各自的专业考虑给每个项目评分。三位专家都认真地完成了"项目–目标一致性"测试，专家与研究者双方就存在疑点的项目交换了意见。根据规则，分数大于等于 0.67 的项目可以通过。最终有 4 个项目没有通过，其余项目则全部通过。详细数据见表 3-4 和表 3-5。

表 3-4　对比"项目–目标一致性"测试前后的测量项目数

变量	量表项目数量	
	IOC 前	IOC 后
参与型领导风格（PLS）	5	4
支持型领导风格（SLS）	4	4
指令型领导风格（DLS）	4	4
自我效能感（SE）	10	9
自我效能感（CS）	10	9
教师工作满意度（TJS）	10	9
合计	43	39

"项目–目标一致性"测试结果显示，共 43 个量表项目参与 IOC 测试，其中 4 个项目（PLS 3、SE 2、CS 8 和 TJS 6）因没通过被删除，其余 39 个项目通过测试，进入下一阶段的量表信度检验。

表 3-5　　　　　　　　　　　**"项目-目标一致性"测试结果**

项目	专家评分				指数	结果
	专家1	专家2	专家3	总得分	（≥0.67）	
PLS 1	1	1	1	3	1.00	通过
PLS 2	1	1	1	3	1.00	通过
PLS 3	1	−1	1	1	0.33	不通过
PLS 4	1	1	1	3	1.00	通过
PLS 5	1	1	1	3	1.00	通过
SLS 1	1	1	1	3	1.00	通过
SLS 2	1	1	1	3	1.00	通过
SLS 3	1	0	1	2	0.67	通过
SLS 4	1	1	1	3	1.00	通过
DLS 1	1	1	1	3	1.00	通过
DLS 2	1	0	1	2	0.67	通过
DLS 3	1	1	1	3	1.00	通过
DLS 4	1	1	1	3	1.00	通过
SE 1	1	0	1	2	0.67	通过
SE 2	1	−1	1	1	0.33	不通过
SE 3	1	0	1	2	0.67	通过
SE 4	1	1	1	3	1.00	通过
SE 5	1	1	1	3	1.00	通过
SE 6	1	1	1	3	1.00	通过
SE 7	1	1	1	3	1.00	通过
SE 8	1	1	1	3	1.00	通过
SE 9	1	1	1	3	1.00	通过

项目	专家评分				指数 （≥0.67）	结果
	专家1	专家2	专家3	总得分		
SE 10	1	1	1	3	1.00	通过
CS 1	1	1	1	3	1.00	通过
CS 2	1	1	1	3	1.00	通过
CS 3	1	1	1	3	1.00	通过
CS 4	1	1	1	3	1.00	通过
CS 5	1	1	1	3	1.00	通过
CS 6	1	1	1	3	1.00	通过
CS 7	1	1	1	3	1.00	通过
CS 8	1	−1	1	1	0.33	不通过
CS 9	1	1	1	3	1.00	通过
CS 10	1	1	1	3	1.00	通过
TJS 1	1	1	1	3	1.00	通过
TJS 2	1	0	1	2	0.67	通过
TJS 3	1	1	1	3	1.00	通过
TJS 4	1	1	1	3	1.00	通过
TJS 5	1	1	1	3	1.00	通过
TJS 6	1	−1	1	1	0.33	不通过
TJS 7	1	1	1	3	1.00	通过
TJS 8	1	1	1	3	1.00	通过
TJS 9	1	0	1	2	0.67	通过
TJS 10	1	1	1	3	1.00	通过

3.3.2 量表信度测试

完成"项目-目标一致性"测试后，还需要进行量表项目的信度（Reliability）进行测试。信度对于设计问卷非常重要[110]。它是指测量结果的稳定性和可靠的程度，即测量的结果是否真实、客观地反映了被测对象的实际水平。信度主要关注的是采取同样的方法对同一对象重复进行测量时，所得结果的一致性程度。信度高的测量工具能够在不同时间或不同条件下重复使用时保持结果的一致性和稳定性。信度的分析方法包括重测信度、分半信度法、复本信度等。这些方法用于评估测量工具的可靠性和一致性。信度与效度是评价测量工具质量的两个重要方面。它们之间既有联系又有区别。信度是效度的必要条件，即一个测量工具如果对某一个目的是有效的，那么它必须是可信的。然而，高信度并不意味着必然高效度。也就是说，信度高并不意味着测量结果一定能准确地反映所要测量的内容。信度关注的是测量结果的稳定性和可靠性，而效度则关注测量内容与测量目的之间的匹配程度，即测量是否能真实、准确地反映被测对象的特定属性或特征。

本研究采用克伦巴赫α系数（Cronbach Alpha系数，CA）测试量表的信度。Cronbach[111]首先运用PILOT TEST技术来测量量表的信度，称为克伦巴赫α系数，适用于使用李克特量表测量的项目。克伦巴赫α系数是衡量量表内部一致性的重要指标，其值介于0到1之间。一个较高的克伦巴赫α系数值（接近1）表示量表中的项目具有较高的一致性，即量表内部的一致性较好。相反，一个较低的克伦巴赫α系数值（接近0）则表明量表中的项目一致性较低，可能存在一些问题。一般认为，在向目标人群发放问卷之前，克伦巴赫α系数是最合适的信度测试指标[112]。当克伦巴赫α系数值大于0.70（α>

0.70）被认为是可接受的，表明量表项目的信度良好，量表项目具有较好的内部一致性[113]。更高的系数值（如接近1）则表明量表的内部一致性非常好，能够更准确地反映被测量的特性。表3-6详细列出克伦巴赫α系数的评价规则。

表3-6　　　　克伦巴赫 α系数量表内部一致性评价规则

克伦巴赫 α 系数	内部一致性
α≥0.9	优秀
0.8≤α＜0.9	良好
0.7≤α＜0.8	可接受
0.6≤α＜0.7	有问题
0.5≤α＜0.6	较弱
α＜0.5	不能接受

资料来源：Cronbach L J. Coefficient alpha and the internal structure of tests [J].Psychometrika，1951，16（3）：297-334.

研究者向30名受访者发放了一份包含已通过"项目-目标一致性"测试（效度检验）的39个量表项目的问卷，并对收集到的数据进行信度检验。各变量的克伦巴赫α系数见表3-7，分别为：参与型领导风格（PLS）0.971、支持型领导风格（SLS）0.960、指令型领导风格（DLS）0.935、自我效能感（SE）0.949、薪酬结构（CS）0.937、教师工作满意度（TJS）0.951。全部变量的克伦巴赫α系数均大于0.9，说明量表的内部一致性非常好，能够更准确地反映被测量的特性及相关程度。全部量表项目均通过信度测试，均可用于下一步的问卷设计和数据收集。

表 3-7　　　　　　　本研究各变量的克伦巴赫 α系数（n=30）

变量	量表项目数		克伦巴赫 α系数	内部一致性
	Pilot Test 前	Pilot Test 后		
参与型领导风格（PLS）	4	4	0.971	优秀
支持型领导风格（SLS）	4	4	0.960	优秀
指令型领导风格（DLS）	4	4	0.935	优秀
自我效能感（SE）	9	9	0.949	优秀
薪酬结构（CS）	9	9	0.937	优秀
教师工作满意度（TJS）	9	9	0.951	优秀
合计	39	39		

3.3.3　设计问卷

设计问卷是本研究的关键环节，它会影响后续战略计划的确定。所有问卷项目均通过了"项目-目标一致性"测试的检验。问卷分为两个不同的部分。第一部分侧重于收集受访者的人口统计信息，包括性别、年龄、工作单位、教学年限、职称等基本细节。人口统计问题对研究人员比较和分析个人特征的态度、意图和其他变量至关重要。包括人口统计和生活方式相关的问题，可以确保全面了解参与者的背景和对他们回答的潜在影响。在问卷中加入结构良好且包容性的人口统计部分，可以帮助研究人员更好地了解受访者的不同特征和背景，有效解释调查数据，并得出有意义的结论。第二部分是有关全部变量的问题，包括领导风格、自我效能感、薪酬结构、教师工作满意度等，所有量表均采用五级李克特量表设计。

李克特量表（Likert scale）是评分加总式量表中最常用的一种，

用于对同一变量的项目进行加总计分。单独或个别项目的得分并不具有意义。该量表由美国社会心理学家李克特于1932年在原有的总加量表基础上改进而成。它包括一组陈述。每个陈述都有五种回答选项：非常赞同、赞同、中等、不赞同、非常不赞同。这些回答被赋予相应的数值："5"代表非常赞同（Strongly Agree，SA），"4"代表赞同（Agree，A），"3"代表中等（Neutral，N），"2"代表不赞同（Disagree，D），"1"代表非常不赞同（Strongly Disagree，SD）。每位被调查者对各道题的回答所得分数之和为其态度总分，这一总分可反映其态度强弱或在该量表上的立场。较高的得分表示更多地认可问卷中的陈述，而较低的得分则显示出更消极或持否定立场。通过使用这种评分方法，研究人员可以定量测量受访者对某一主题或对象的态度强度，并从中获取有价值见解。整体态度得分有助于进行更全面的数据分析，支持研究结论，并能够解释受访者对所研究主题集体态度。

剔除4个没有通过效度和信度测试的项目PLS 3、SE 2、CS 8和TJS 6后，余下39个通过效度和信度测试的项目可用于设计问卷，详细内容见表3-8。

表3-8　　　　　　　　　　　　　　设计问卷

变量	项目数	具体内容	引用
参与型领导风格 Participative Leadership Style	4	PLS 1：Before making decisions，leader considers what his/her subordinates have to say. 在做决定之前，领导会考虑下属的意见 PLS 2：Before taking action，leader consults with subordinates. 在采取行动之前，领导会咨询下属	Adapted from Harris et al. (2001)

变量	项目数	具体内容	引用
参与型 领导风格 Participative Leadership Style	4	PLS 4：Leader asks subordinates for their suggestions. 领导会向下属征求意见 PLS 5：Leader listens to subordinate's advice on which assignments should be made. 领导听取下属的建议，应该分配哪些任务	Adapted from Harris et al. （2001）
支持型 领导风格 Supportive Leadership Style	4	SLS 1：Leader helps to make people working on their tasks more pleasant. 领导帮助人们更愉快地完成任务 SLS 2：Leader looks out for the personal welfare of group members. 领导关心团体成员的个人福利 SLS 3：Leader does little things to make things pleasant. 领导会做一些小事来使事情变得愉快 SLS 4：Leader treats all group members as equal. 领导平等对待所有团队成员	Adapted from Harris et al. （2001）
指令型 领导风格 Directive Leadership Style	4	DLS 1：Leader explains the way tasks should be carried out. 领导解释任务应该如何执行 DLS 2：Leader decides what and how things shall be done. 领导决定做什么和怎么做	Adapted from Harris et al. （2001）

变量	项目数	具体内容	引用
指令型 领导风格 Directive Leadership Style	4	DLS 3：Leader maintains definite standards of performance.领导保持明确的绩效标准	Adapted from Harris et al. （2001）
		DLS 4：He/she schedules the work to be done.领导安排要完成的工作	
自我效能感 Self-Efficacy	9	SE 1：If I try hard, I can always accomplish a task efficiently.如果我努力，我总能高效地完成任务	Adapted from Schmitz and Schwarzer （2000）
		SE 3：Sticking to my dream and realizing it is easy with no difficulty to me.坚持我的梦想并实现它对我来说很容易，没有困难	
		SE 4：I have confidence to efficiently response to sudden evens.我有信心有效地应对突发事件	
		SE 5：I maintain that I have the talent to overcome obstacles.我坚持认为自己有克服困难的才能	
		SE 6：If I make the effort, I can solve most of the obstacles.如果我努力，我可以解决大部分障碍	
		SE 7：Since I believe that I have the capacity to solve problems，I can keep a cool head when I am confronted with difficulties.因为我相信自己有能力解决问题，所以在遇到困难时能保持冷静	

变量	项目数	具体内容	引用
自我效能感 Self-Efficacy	9	SE 8: When come across a problem, I can always find out several solutions. 遇到问题时，我总能找到几种解决办法	Adapted from Schmitz and Schwarzer (2000)
		SE 9: When come across difficulties, I can always figure out solutions. 遇到困难时，我总能想出解决办法	
		SE 10: No matter what happened, I can always easily response to various situations. 不管发生什么事，我总能轻松应对各种情况	
薪酬结构 Compensation Structure	9	CS 1: University provides satisfactory faculty salary. 大学提供令人满意的教师工资	Adapted from Tessema and Soeters (2006)
		CS 2: Current vacation and leave policy are reasonable. 目前的休假政策是合理的	
		CS 3: University has good welfare facilities (i. e. health insurance, provident fund, gratuity, etc.). 大学有良好的福利设施（如医疗保险、公积金、酬金等）	
		CS 4: Festival bonus of the university is competitive. 学校的节日奖金很有竞争力	
		CS 5: University's extra-course payment policy is reasonable. 学校的课外支付政策是合理的	
		CS 6: University has a reasonable paid-study-leave policy. 学校有合理的带薪学习假政策	

变量	项目数	具体内容	引用
薪酬结构 Compensation Structure	9	CS 7: University provides skill-based salary allowance.大学提供技能工资津贴	Adapted from Tessema and Soeters (2006)
		CS 9: University provides residence allowance.大学提供居住津贴	
		CS 10: University provides transport allowance.大学提供交通津贴	
教师工作 满意度 Teachers' Job Satisfaction	9	TJS 1: I get along with supervisors.我和主管相处得很好	Adapted from Macdonald and MacIntyre (1997)
		TJS 2: All my talents and skills are used.我所有的特长和技能都得到了发挥	
		TJS 3: I feel good about my job.我对我的工作感觉很好	
		TJS 4: I receive recognition for a job well done.我因为工作做得好而得到认可	
		TJS 5: I feel good about working at this company.在这家公司工作感觉很好	
		TJS 7: I feel secure about my job.我对我的工作很有安全感	
		TJS 8: I believe management is concerned about me.我相信管理层很关心我	
		TJS 9: On the whole, I believe work is good for my physical health.总的来说，我认为工作对我的身体健康有好处	
		TJS 10: My wages are good.我的工资不错	

特别注意的是，原量表是用英文表达的。由于用这些量表设计的问卷需要分发给中国的教师，为了避免在英汉翻译过程中出现歧义，研究者先将英语量表的项目翻译成中文后，请英语老师检查翻译结果。英语老师核对通过后，再请另一位英语老师将中文量表项目翻译成英文，并与原英文量表项目进行核对。如果两种量表表达的意思相同，则认为量表的汉译是成功的。

3.4　数据收集

适当来源的数据收集是所有研究的关键程序[114]。在完成效度和信度测试后，本研究还涉及两阶段的数据收集：一是战略计划前用于定量研究的多元线性回归分析的大样本数据收集和用于定性研究的访谈内容收集；二是战略计划后用于配对样本 t 检验的定量数据和定性分析的访谈内容收集。定量分析的数据借助"问卷星"在线分发给受访者进行数据收集。"问卷星"可以用于企业员工评价、市场调研、员工满意度调查、内部培训、需求登记、人才评估、培训管理，以及学术研究、社会调查、网上投票、网上注册、信息收集和网上大学考试等。此外，它还可以应用于个人讨论投票、公共利益调查和有趣的测试。

在本研究中，将事先设计好的问卷上传到"问卷星"，并在线发送给目标人群，收集所需的数据。定性数据需要通过访谈和观察收集。研究人员在对受访者进行访谈时，特别邀请与研究无关的两名工作人员参与观察和访谈，记录每名参与者的陈述，以确保数据的准确性和完整性。在正式访谈前，先编制访谈提纲。这是一项关键的准备工作。它有助于确保访谈内容具有条理性、针对性，并能高效地达到访谈目的。以下是编制访谈提纲的步骤：

第一步，确定访谈目的，根据目的来定义访谈的基调和方向。

第二步，选定访谈对象，确定适合访谈的人选。他们应当是与访谈主题直接相关的关键人物。

第三步，对访谈对象进行深入研究，包括其背景、职业经历、主要成就、观点立场以及与访谈主题相关的具体事例。

第四步，设计提问框架，包括：

①开场介绍和破冰：准备一些轻松的问题帮助建立融洽气氛，拉近与受访者的距离。

②核心问题：围绕访谈目的设定几个关键问题。这些问题应能够引导受访者分享实质性信息和见解。

③层次递进问题：根据核心问题细化出一系列小问题。这些问题是逐步深入探究的核心线索。

④链接性问题：用于承上启下，将不同的话题或论点有机衔接起来。

⑤结束部分：准备总结性或展望性的问题，让访谈有个完整的收尾。

本研究参照上述思路，设计了访谈提纲，详见附录3。

3.5 数据分析

完成效度和信度检验后，本研究还涉及两阶段的数据分析：一是战略计划前用于检验自变量对因变量是否存在显著影响的多元线性回归分析，以及战略计划后用于检验各变量是否发生显著变化的配对样本t检验。二者均属于定量分析，全部采用"Jamovi"统计分析软件完成。二是寻找影响教师工作满意度的关键因素，评估战略计划的有效性，针对访谈内容进行文本分析。

在多元线性回归结果中，通常根据以下几个核心指标判断自变量和因变量的显著相关关系，分别是p值、R^2、Beta系数、VIF值。

第一个核心指标是 p 值，其有效范围是小于 0.05。这个标准用于判断自变量对因变量的影响是否显著。当 p 值小于 0.05 时，我们可以认为自变量与因变量之间的关系是显著的，因此这个自变量在模型中是有效的。这种判断基于统计学中的假设检验原则，即如果观察到的差异或关系不太可能是由抽样误差造成的（概率小于 0.05），则认为这种关系是真实的。

第二个核心指标是 R^2（R-squared）。它是多元线性回归中衡量模型的拟合优度的统计量，表示模型中自变量共同解释因变量方差的百分比，是线性回归模型的一个重要指标，用于评估模型与因变量之间的关系强度。它衡量了模型能够解释的因变量变异的百分比，取值范围在 0 到 1 之间。具体来说：当 R^2 接近 1 时，表示模型能够解释因变量的大部分变异，说明模型拟合效果较好，能够很好地预测因变量的变化；当 R^2 接近 0 时，表示模型几乎不能解释因变量的变异，说明模型拟合效果不佳，可能需要对模型进行改进。在多元回归分析中，R^2 值的判断标准大致如下：当 R^2 值为 0.7 及以上时，模型的拟合效果较好；当 R^2 值介于 0.4 到 0.7 之间时，模型拟合程度一般；当 R^2 值低于 0.4 时，模型的拟合效果较差。

第三个核心指标是 Beta 系数（也称为标准化系数），是多元线性回归中反映自变量的变化对因变量的影响程度，因此也被称为自变量的"贡献度"，通常用 β 表示。Beta 系数是一个标准化的数值，其大小不受自变量量纲和单位的影响。在多元线性回归模型中，每个自变量都会有一个 Beta 值来描述自变量与因变量之间的关系。Beta 系数可以帮助我们理解自变量与因变量之间的关系。如果自变量对因变量的影响较大，则 Beta 值会更大；反之，则 Beta 值会更小。通过比较各自变量的 Beta 值，可以确定哪些自变量对因变量的影响更为显著。

第四个是方差膨胀因子——VIF 值。多重共线性是线性回归模型中一个常见的问题。它指的是解释变量之间存在高度相关性，可能导致模型参数的估计失真。为了检验和处理多重共线性，可以采用以下几种方法：相关系数检验法、方差膨胀因子（VIF）检验法、简单相关系数法、综合统计检验法。当回归模型中存在多重共线性时，可以通过增加样本容量、剔除相关性强的变量、修改模型设定等方法处理多元线性回归中的多重共线性问题，从而提高模型的准确性和可靠性。在方差膨胀因子（VIF）检验法中，VIF值（方差膨胀因子）的范围可以提供关于多重共线性严重程度的指标。当VIF值接近1（远小于5）时，表明几乎没有共线性；当VIF值在1和5之间时，通常被认为是可接受的，表示有一定程度的共线性，但在实践中可以忽略；当VIF值大于5但小于10时，表明存在较强的共线性，可能影响模型的解释能力，需要进一步分析；当VIF值大于10时，通常被认为存在严重的共线性问题，模型的参数估计可能不准确，需要对模型进行修改，比如删除某些自变量或寻找其他方式来解决共线性问题。需要注意的是，这些阈值并不是绝对的。在不同的研究领域和不同的数据集上，对于VIF值的容忍度可能有所不同。研究者需要结合具体情况，包括数据的特点、研究的目的以及模型的应用场景，来确定何种程度的VIF值是可以接受的。

3.6　战略计划设计

通常，在教育领域的研究中，在验证了自变量对因变量具有显著影响关系后，随即设计和实施干预措施（Intervention Design Implementations，IDI）来评估这些措施对目标行为或状况的影响。这种方法可以帮助研究人员了解不同干预措施对特定问题的有效性，并为实践提供指导和建议，通常用于行为科学、公共卫生、心理学和教育等领域的研究中。设计和实施干预措施适用于各种类型的变量，包括但不限于：①行为变量：例如吸烟、饮食习惯、运动频率等行为变量可以通过干预措施来改变。②生理变量：例如血压、血糖水平、体重等生理指标可以通过干预措施进行调节。③心理变量：例如焦虑水平、抑郁情绪、自尊等心理状态可以通过干预措施进行干预。④社会变量：例如社会支持、人际关系质量、社会参与度等社会因素可以通过干预措施来影响。总的来说，设计和实施干预措施可以适用于各种不同类型的变量，旨在通过设计和实施干预措施来改变特定行为或状况。

相对于设计和实施干预措施而言的另一个概念是战略计划（Strategic Plan，SP）。它与设计和实施干预措施在目的和范围、时间跨度、领域和应用范围等方面存在一定的差异：①目的和范围不同。实施干预措施主要是指设计和实施特定的干预措施来改变特定行为或状况，通常用于研究和实践中，而战略计划是指为实现长期目标和愿景而制定的规划和行动计划，通常涵盖组织、企业或团体整体的发展方向和目标。②时间跨度不同。设计和实施干预措施通常是针对特定问题或目标而实施的短期行动计划，旨在快速有效地改变特定行为或状况，而战略计划则是为了长期发展和成长而设计的长期规划，通常包含长期目标、策略和行动计划。③领域和应用范围不同。设计和实施干预措施主要应用于行为科学、公共卫生、心理学等领域的研究和实践中，旨在改变特定行为或状况，而战略计划更广泛地适用于组织管理、企业发展、项目规划等领域，着重整体发展方向和目标的制定和实施。总的来说，设计和实施干预措施侧重于设计和实施特定的干预措施来改变特定行为或状况，而战略计划则更注重长期发展规划和整体目标的制定和实施。两者在目的、时间跨度和应用范围上存在一定的区别。本研究包含领导风格、自我效能和薪酬结构变量，需要较长时间的规划和培育才可能发生改变，因此选择实施战略计划。

3.6.1 战略计划模型

按照既定的研究思路，经上一步骤验证，对因变量具有显著影响的自变量才具有进行战略计划的意义。经多元线性回归分析验证，本研究全部自变量对因变量均具有显著的正向影响，因此全部纳入下一步的战略计划。确定的战略计划模型如图3-1所示。

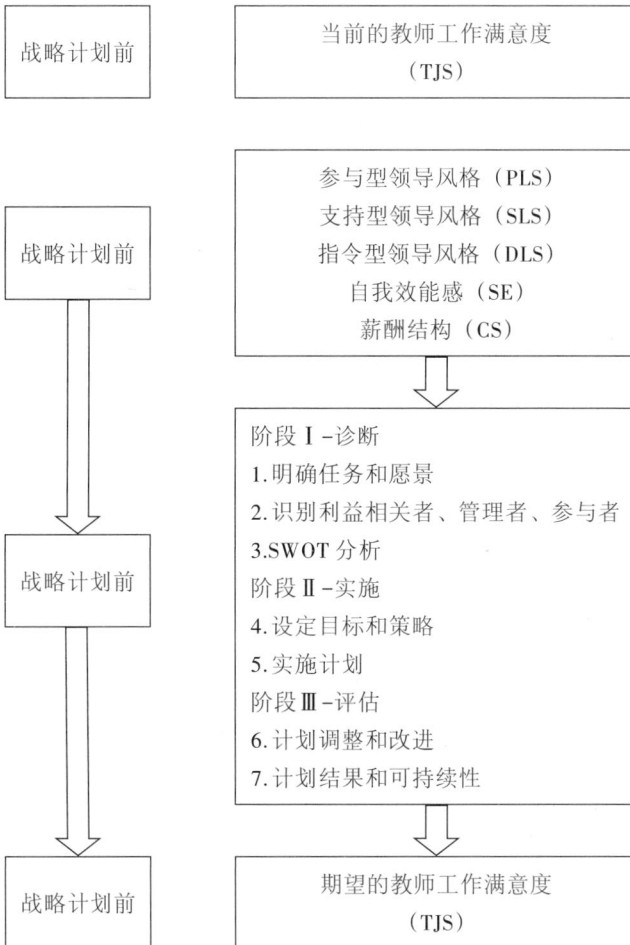

图3-1　战略计划模型

3.6.2 战略计划假设

经过多元线性回归分析检验了假设1至假设5，证明参与型领导风格、支持型领导风格、指令型领导风格、自我效能感、薪酬结构与教师工作满意度之间均存在显著关系。进一步，假设实施战略计划前后，发生如下变化：

H6：参与型领导风格在现状阶段和预期阶段存在显著的均值差异。

H7：支持型领导风格在现状阶段和预期阶段存在显著的均值差异。

H8：指令型领导风格在现状阶段和预期阶段存在显著的均值差异。

H9：现状阶段和期望阶段的自我效能感均值有显著差异。

H10：现状阶段和预期阶段的薪酬结构存在显著的平均差异。

H11：教师工作满意度在现状阶段和期望阶段存在显著的均值差异。

3.6.3 战略计划方案

整个战略计划大约耗时32周，战略计划方案包括时间和地点、参与的人员、干预的目的和工具，以及具体的活动。战略计划实施的时间和措施见表3-9。

表3-9　　　　　　　　战略计划实施的时间和措施

序号	持续时间	关键词
1	第1周	建立团队
		确定目标

序号	持续时间	关键词
1	第1周	访谈、寻找关键问题
2	第2~4周	团队辅导
3	第5~28周	实践反馈
4	第2~28周	个体辅导
5	第29~32周	访谈和总结

1）团队辅导

① 时间：第2至4周每周一次，每次2小时。

② 地点：学校会议室。

③ 执行者：研究者。

④ 目的：在团队内部设定目标；建立提高教师工作满意度的共同愿景；分享提高教师工作满意度的有效方法。

⑤ 参与者：A大学教师30人。

⑥ 干预工具：小组指导、目标设定、SWOT分析。

⑦ 过程：陈述战略计划的目标，即提高教师的工作满意度；运用SWOT分析法，帮助教师识别提高教师工作满意度的可能性和可行性；鼓励教师分享工作满意度经验，强化团队目标；探讨影响教师工作满意度的因素，探索提高教师技能的有效途径；在上述分析的基础上，引导教师探讨参与型领导风格（PLS）、支持型领导风格（SLS）、指令型领导风格（DLS）、自我效能感（SE）、薪酬结构（CS）对教师工作满意度（TJS）的影响；允许教师表达自己的观点，并对他人的观点提供不同的观点；在每位老师充分表达了自己的观点并得到反馈后，总结讨论；分析并对教师提出任务建议，为下一次个人SWOT分析活动作准备；鼓励教师分享他们提高工作满意度的经验或方法。

2）个体辅导

① 时间：第2至28周每3周1次，每次1小时。

② 地点：会议室。

③ 执行者：研究者。

④ 目的：为变革创造愿景；探索个人能力；逐步实现具有挑战性的目标。

⑤ 参与者：A大学教师30人。

⑥ 干预手段：个体咨询、问询、SWOT分析。

⑦ 过程：帮助教师设定目标，并让他们明白目标是可以改变的，有了目标，行动就有了方向，教师的主动性就会提高；在教师中培养积极的态度，允许他们挑战自我，帮助教师发挥潜能，迎接困难的挑战；运用SWOT分析法分析教师面临的外部机会和威胁，帮助教师了解自己的长处和短处，扬长避短；鼓励教师分享自己的成长经历，引导他们以积极健康的心态面对工作和生活；鼓励教师积极参与学校（院、系）的管理决策，通过适当的渠道表达自己的意见；鼓励教师设定合理的目标并努力实现。

3）实践反馈

① 时间：第5至28周每3周1次，每次2小时。

② 地点：会议室或室外。

③ 执行者：研究者。

④ 目的：实施提高教师工作满意度的措施；调整领导风格；提高教师的自我效能感。

⑤ 参与者：A大学教师30人。

⑥ 干预手段：团队建设、干部培训、加薪（大学支持）、促进教师成长、人才支持计划或高层次人才计划。

⑦ 过程：在小组辅导和个体辅导后，研究者将要求教师实践旨

在提高其工作满意度的行为；在每次培训中，教师将被告知各种可以提高工作满意度的行为，如团队建设、干部培训、加薪（大学支持）、人才支持计划或高层次人才计划，将使教师在领导风格、自我效能感和薪酬结构方面提高工作满意度；上述措施有的由研究者组织实施，有的在学校的支持下实施，如加薪、优秀人才支持计划和高层次人才计划等；参加战略计划的互动沟通，分享他们的观点和经验，为其他教师提供参考；研究者与教师一起总结第5至28周的经验，让教师参与反馈，并为教师提供建议，分享经验，提高他们的工作满意度。

4

数据分析与研究发现

本章进行数据分析并得出分析结果，主要包括多元线性回归分析、假设检验、战略计划前数据分析、战略计划、战略计划后数据分析、战略计划假设检验、研究结果，共七部分。

4.1 多元线性回归分析

4.1.1 调查对象基本信息

通过收集的问卷数据分析参与调查教师的基本信息，见表4-1。

表4-1　　　　　受访教师的基本信息统计（N=80）

项目		人数	占比（%）
性别	男性	27	33.75
	女性	53	66.25
年龄	<30岁	13	16.25
	30~40岁	36	45.00
	41~50岁	25	31.25
	>50岁	6	7.50
教龄	<5年	19	23.75
	5~10年	24	30.00
	11~15年	19	23.75
	>15年	18	22.50
职称	助教	17	21.25
	讲师	46	57.50
	副教授	15	18.75
	教授	2	2.5

项目		人数	占比（%）
优秀人才	优秀教授	1	1.25
	优秀副教授	10	12.50
	优秀讲师	22	27.50
	优秀硕士	0	0
	以上均无	47	58.75

从表4-1可知，参与调查的80名教师中，女教师的比重较大。这与A大学文科类专业居多，女教师人数较多的实际情况相符。参与教师的年龄段、教龄基本呈正态分布，以讲师和副教授居多，入选"优秀人才支持计划"和未入选"优秀人才支持计划"的人数各占一半。A大学自2020年起实施"优秀人才支持计划"，分为优秀硕士、优秀讲师、优秀副教授和优秀教授四个级别。入选"优秀人才支持计划"的教师，除正常薪酬外，每年还可获得5万元、13万元或18万元的人才奖励。参照双因素理论，这属于激励因素，对提高教师工作满意度有较大促进作用。选定部分入选"优秀人才支持计划"的老师参加问卷调查，更能反映教师的满意度的真实水平。从上面的分析可见，受访教师的选择是比较恰当的，包含了各类、不同年龄、不同职称、不同人才类别的人员，所收集的结果能较广泛地代表总体的实际情况。

4.1.2 描述性统计分析

描述性统计分析是一种统计方法，其主要目的是对数据进行总结、整理和描述。它通过使用各种统计指标（如平均数、中位数、众数、标准差等）以及图表（如直方图、折线图、散点图等）来帮助我们理解数据的特征、分布规律以及内部结构。描述性统计分析不涉及变量之间的因果关系研究，而是侧重于提供直观且易于理解的数据概览。其作用主要包括以下五方面：①数据概括。通过计算统计量，可以快速了解数据集的基本情况，如数据的中心趋势（均值、中位数）、离散程度（标准差、四分位距）等。②数据可视化。利用图表形式展示数据，使复杂的数据更容易被理解和解释，图形化展示可以帮助发现数据中的模式、异常值或趋势。③决策支持。为决策者提供数据支持，帮助他们作出基于数据驱动的决策。例如，在市场调研中，描述性统计可以帮助企业了解目标客户群体的特征。④进一步分析的基础。在进行假设检验、回归分析等推断性统计分析之前，描述性统计是必不可少的步骤，能够帮助确定分析的起点和方向。⑤沟通与报告。在研究报告或会议中，描述性统计结果是向非专业人员传达数据信息的有效方式，使得复杂的数据变得易于理解。总之，描述性统计分析在数据分析的初始阶段扮演着极其重要的角色，为后续的深入分析提供了坚实的基础，并帮助人们以直观、有效的方式理解数据。

根据收集到的问卷数据，对80个样本数据进行描述性统计分析，详细结果见表4-2。

表4-2　　　　　　对80个样本数据的描述性统计分析

项目	PLS	SLS	DLS	SE	CS	TJS
平均值	3.831	1.444	4.075	3.851	3.136	3.607
样本量 N	80	80	80	80	80	80
标准差	0.834	0.636	0.674	0.623	0.841	0.706

根据描述性统计分析，被调查者中的 DLS 处于中上水平，PLS、SE、CS 和 TJS 处于中间水平，SLS 处于较低水平。这些数据表明，在有效的干预措施下，这6个变量都有可能得到改善。这为下一步实施

战略计划提供了数据支持。

4.1.3 多元线性回归结果

本研究采用"Jamovi"软件对问卷数据进行定量分析。首先采用多元线性回归分析收集到的 80 名受访者的数据，以检验自变量与因变量之间是否存在统计学上的显著影响关系。多元线性回归是一种统计分析方法，用于研究多个自变量与一个因变量之间的线性关系。在多元线性回归中，有多个自变量同时对因变量进行预测，通过拟合一个线性模型来描述自变量和因变量之间的关系。多元线性回归可以用于预测因变量的取值，或者用于探究自变量对因变量的影响程度。表4-3 详细列示了多元线性回归分析的结果。这些结果用以支持研究中提出的概念框架，为所调查的变量之间的关系提供了有价值的见解。

表4-3 多元线性回归分析（MLR）结果

变量	Beta系数	T值	P值	VIF值	R^2
参与型领导风格（PLS）	0.244	3.13	0.003	2.212	
支持型领导风格（SLS）	0.213	2.99	0.004	1.857	
指令型领导风格（DLS）	0.162	2.13	0.037	2.11	0.797
自我效能感（SE）	0.192	2.56	0.012	2.057	
薪酬结构（CS）	0.584	8.57	<0.001	1.696	
教师工作满意度（TJS）					

4.2 假设检验

（1）有关显著性的检验。从前述 3.5 的内容可知，在多元线性回归中，当 p 值小于 0.05 时，我们认为自变量与因变量之间的关系是显著的，因此这个自变量在模型中是有效的。从表4-3可见，五个自变量（参与型领导风格、支持型领导风格、指令型领导风格、自我效能感、薪酬结构）的p值均小于0.05。这表明五个自变量与因变量（教师工作满意度）之间的关系均是显著的。

（2）有关R^2的解释。从前述3.5的内容可知，R^2值为0.7及以上表明模型的拟合效果较好。从表4-3可见，本概念框架的R^2为0.797，说明自变量对因变量的解释程度为79.7%，概念框架的拟合优度较好。

（3）有关Beta系数的解释。从前述3.5的内容可知，如果自变量对因变量的影响较大，则Beta值会更大；反之，则Beta值会更小。从表4-3可见，本研究的五个自变量的Beta系数都是正的。这表明自变量的值越高，因变量的值就越高。这种正相关关系意味着这些自变量所代表的因素有利于影响因变量的结果。其中，薪酬结构的Beta系数为0.584，高于其他四个自变量的Beta系数（0.244、0.213、0.162、0.192）。从统计角度来看，薪酬结构对教师工作满意度的影响最大。

（4）有关多重共线性的检验。从前述3.5的内容可知，采用方差膨胀因子（VIF）检验法检验多重共线性时，当VIF值在1和5之间时，通常被认为是可接受的，表示有一定程度的共线性，但在实践中可以忽略。本研究采用方差膨胀因子检验法检验概念框架的多重共线性。从表4-3可知，五个自变量的VIF值均小于5，分别为：2.212、1.857、2.11、2.057、1.696。由此可见，这五个变量之间不存在多重共线性，已构建的概念框架是可以接受的。

基于上述分析，假设检验结果如下：

H1：参与型领导风格对教师工作满意度有显著影响的假设得到验证（β=0.244，t=3.13，p=0.003）。

H2：支持型领导风格对教师工作满意度有显著影响的假设得到

验证（β=0.213，t=2.99，p=0.004）。

H3：指令型领导风格对教师工作满意度有显著影响的假设得到验证（β=0.162，t=2.13，p=0.037）。

H4：自我效能感对教师工作满意度有显著影响的假设得到验证（β=0.192，t=2.56，p=0.012）。

H5：薪酬结构对教师工作满意度有显著影响的假设得到验证（β=0.584，t=8.57，p<0.001）。

显著变量的研究框架如图4-1所示。

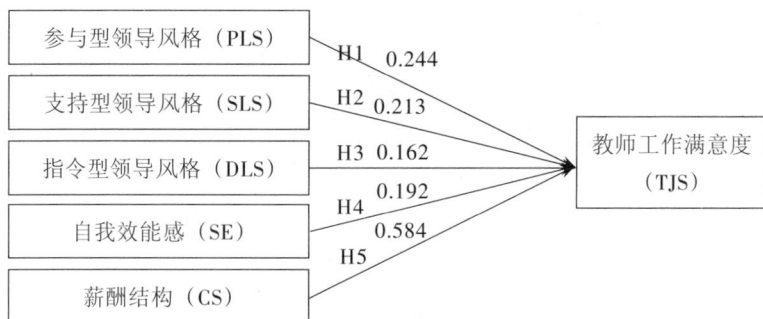

图4-1　显著变量研究框架

4.3　战略计划前数据分析

经多元线性回归分析验证参与型领导风格、支持型领导风格、指令型领导风格、自我效能感、薪酬结构对教师工作满意度均具有显著影响，因此全部纳入战略计划。研究者按随机抽样的分层定比法抽取30名教师参与战略计划。

4.3.1　人口统计学特征

从收集的问卷数据分析参与战略计划的30名教师基本信息详见

表4-4。

表4-4　　**战略计划受访教师的基本信息统计（N=30）**

项目		人数	占比（%）
性别	男性	5	16.7
	女性	25	83.3
年龄	<30岁	1	3.3
	30~40岁	15	50.0
	41~50岁	12	40.0
	>50岁	2	6.7
教龄	<5年	6	20.0
	5~10年	14	46.7
	11~15年	3	10.0
	>15年	7	23.3
职称	助教	0	0
	讲师	18	60.0
	副教授	10	33.3
	教授	2	6.7
优秀人才	优秀教授	0	0
	优秀副教授	3	10.0
	优秀讲师	12	40.0
	优秀硕士	0	0
	以上均无	15	50.0

从表4-4可知，参与战略计划的30名教师中，女教师的比重较大，这与大样本80名教师人口统计学特征一致，与A大学文科类专业居多、女教师人数较多的实际情况相符。参与教师的年龄段、教龄基本呈正态分布，以讲师和副教授居多；入选"优秀人才支持计划"

和未入选"优秀人才支持计划"的人数各占一半。可见受访教师的选择是比较恰当的，包含了不同年龄、不同职称、不同人才类别的人员，所收集的结果能较广泛地代表总体的实际情况。

4.3.2 描述性统计分析

为了进一步研究参与型领导风格、支持型领导风格、指令型领导风格、自我效能感、薪酬结构与教师工作满意度之间的关系，研究者采用随机抽样的分层定比法随机抽取30名教师进行战略计划，并对其中15名教师进行访谈。在战略计划实施前，向30名教师发放了一份在线问卷，以收集数据。研究者对参与战略计划的30名受访者在战略计划前的受访数据进行描述性统计分析，结果见表4-5。

表4-5　　　　战略计划前量表的描述性统计分析

变量	项目	平均值	标准差
参与型领导风格（PLS）	PLS	3.38	0.809
	PLS 1	3.50	0.938
	PLS 2	3.40	0.894
	PLS 4	3.40	0.894
	PLS 5	3.20	0.887
支持型领导风格（SLS）	SLS	1.67	0.747
	SLS 1	1.63	0.765
	SLS 2	1.60	0.814
	SLS 3	1.77	0.817
	SLS 4	1.67	0.802
指令型领导风格（DLS）	DLS	3.73	0.594
	DLS 1	3.73	0.868
	DLS 2	3.63	0.850
	DLS 3	3.83	0.834
	DLS 4	3.73	0.691

变量	项目	平均值	标准差
自我效能感（SE）	SE	3.46	0.602
	SE 1	3.73	0.740
	SE 3	3.27	0.828
	SE 4	3.27	0.828
	SE 5	3.73	0.868
	SE 6	3.83	0.648
	SE 7	3.47	0.860
	SE 8	3.37	0.669
	SE 9	3.47	0.730
	SE 10	2.97	0.809
薪酬结构（CS）	CS	2.42	0.460
	CS 1	2.73	0.691
	CS 2	3.10	0.712
	CS 3	2.33	0.711
	CS 4	2.10	0.662
	CS 5	2.30	0.535
	CS 6	2.70	0.750
	CS 7	2.23	0.817
	CS 9	2.20	0.925
	CS 10	2.07	0.907
教师工作满意度（TJS）	TJS	2.87	0.190
	TJS 1	3.43	0.568
	TJS 2	2.93	0.583
	TJS 3	3.10	0.403
	TJS 4	3.07	0.254
	TJS 5	3.00	0.371
	TJS 7	2.60	0.675
	TJS 8	2.60	0.894
	TJS 9	2.63	0.718
	TJS 10	2.43	0.679

由表 4-5 可知，参与型领导风格各项目的平均值为 3.2~3.5，标准差为 0.887~0.938，说明教师对参与型领导风格的评价处于中等水平。教师对各项目的评价存在一定差异，但对各项目的评价的离散程度比较一致。

支持型领导风格各项目的平均值为 1.60~1.77，均为较低水平，标准差为 0.765~0.817。这表明教师对支持型领导风格的认同程度不高，有很大的改进空间。教师对该领导风格的评价存在一定差异，但各评价项目的差异是一致的。如何提高领导对教师工作和福利的支持和关注是研究的重点。

指令型领导风格各项目的评价结果较为一致，平均值为 3.63~3.83，处于中高水平。DLS 1（领导解释任务应该如何执行）、DLS 2（领导决定做什么和怎么做）和 DLS 3（领导保持明确的绩效标准）的标准差比较一致，范围在 0.834~0.868 之间，而 DLS 4（领导安排要完成的工作）的标准差最低，说明评价的一致性最好。

自我效能感的各项目的平均值为 2.97~3.83，标准差为 0.648~0.868，说明教师意见存在一定的变异性。其中 SE 10（不管发生什么事，我总能轻松应对各种情况）得分最低，低于平均水平，说明教师的自信心最低。SE 6（如果我努力，我可以解决大部分障碍）得分最高，高于平均水平，标准差最低，为 0.648，说明教师的自信心较强，不同教师的评价意见比较集中。

薪酬结构中单项的平均值为 2.07~3.10，低于平均水平。标准差为 0.535~0.925，说明教师对不同项目评价的一致性有不同的看法。其中，CS 10（大学提供交通津贴）的平均值最低，为 2.07，标准差最大，为 0.925，说明教师并不认同学校提供交通费，这一点有很大的提升空间。CS 2（目前的休假政策是合理的）在 CS 的 9 个项目中平均值最高，但仍然较低。这表明教师对目前的休假制度比其他情况更满意。

教师工作满意度各单项平均得分为 2.43~3.43，多数低于平均水平。标准差为 0.254~0.894。这表明当前教师的工作满意度水平仍有很大的提升空间。其中平均分最低的是 TJS 10（我的工资不错）。还有 4 个项目的平均得分低于 3.0，分别是 TJS 2（我所有的特长和技能都得到了发挥）的平均得分 2.93，TJS 7（我对我的工作很有安全感）、TJS 8（我相信管理层很关心我）的平均得分 2.60，TJS 9（总的来说，我认为工作对我的身体健康有好处）的平均得分 2.63。高校应努力提高教师在这些方面的满意度，从而有效地提高教师的工作满意度。

4.3.3 访谈结果分析

在实施战略计划之前，本研究随机抽取了 A 大学的 15 名教师进行访谈，旨在了解他们目前的工作满意度水平以及影响他们工作满意度的关键因素。研究人员从参与型领导风格、支持型领导风格、指令型领导风格、自我效能感、薪酬结构和教师工作满意度六个维度对 15 名教师进行了全面的访谈。为了保证访谈内容的准确性和完整性，研究者特意聘请了两位同事协助记录访谈结果。他们的专业素质和严谨的态度为本次研究提供了很大的帮助。本次访谈的结果见表 4-6，反映了 A 大学师资队伍的现状，为本研究提供了重要参考。

以下内容是研究者对访谈内容进行分析的结果。战略计划前 15 名受访者认为，以下活动可以提高教师的工作满意度：组织教师参加

表4-6　战略计划前访谈结果分析

	访谈提纲	关键观测点	示例
1. 领导风格与教师工作满意度	●你能描述一下你所在大学（学院、系）管理团队的领导风格吗？（是参与型领导风格，支持型领导风格还是指令型领导风格？）	●在管理领导风格方面，1名被调查者认为他们的主管具有参与型领导风格，3名被调查者认为他们的主管具有支持型领导风格，8名被调查者认为他们的主管具有指令型领导风格，1名被调查者认为他们的主管具有支持型和指令型领导风格，2名被调查者认为他们的主管具有三种风格	●一些受访者认为，老教授对年轻教师的指导有助于提高他们的教学能力，系主任组织教研活动有助于提高教研能力
	●你认为这种领导风格是如何影响你的日常教学工作的	●受访者提供了以下观点：参与型领导为教师提供了参与决策的机会，可以提高教师的归属感。支持型领导为教师提供支持和鼓励，从而增强教师的工作信心。指令型领导引导教师参与专业发展活动，尝试新的教学方法，创新教学模式，提高教师的专业素质，帮助教师改进教学方法和技能。三种风格不同的领导会根据不同的工作采取不同的领导风格，营造良好的工作氛围，激发教师参与教学改革、课程建设、项目申请等活动，提高教师的教学能力和科研水平	●指令型领导强调明确的课程和目标设置，帮助教师定义他们所教的内容，并为学生应该知道什么、能够做什么和全面发展设定期望。领导者提供明确的指导和反馈，帮助教师改进教学方法和技巧。在分配任务时，领导者也会明确教师的角色，并定期提供反馈，以改善他们的教学

	访谈提纲	关键观测点	示例
1. 领导风格与教师工作满意度	●你能举例说明这种领导风格是如何提高或降低你的工作满意度的吗	●受访者认为以下活动可以提高教师的工作满意度：组织教师参加教学培训，邀请校外专家举办学术会议和学术讲座，老教师授帮助青年教师，支持教师攻读博士学位，指导教师进行职业规划，提高教师待遇等	●组织教师参加培训，学习新课程，如财务大数据分析、大数据审计等课程。由校外专家组织学术报告，引导教师紧跟学术前沿，开阔视野，学习新的研究方法，为教学和科研积累经验。教师之间形成了不断学习、不断研究、不断创新的良好氛围，教师的归属感和满意度有所提高
2. 参与型领导风格	●在你的工作经历中，你有很多参与决策的机会吗？这对你的工作满意度有什么影响	●有9位受访者认为参与决策，并认可他们在工作中有更多的机会参与决策，教师在团队中得到了认可和尊重，从而提高了工作满意度。有4位受访者认为他们参与决策的机会很少，参与型领导风格对他们的工作满意度的影响不大。尽管有一位受访者很少参与决策，但他认为参与决策可以提高教师的工作满意度	●受访者认为领导在作出重大决策前应该征求教师的意见，在获得大多数教师的理解后再制定决策。这种领导风格使教师的意见和观点受到重视。教师感到受到尊重，参与感提高了他们的工作满意度和忠诚度

访谈提纲	关键观测点	示例
2. 参与领导型风格	●当大学（学院、系）领导鼓励教师参与决策时，你觉得这会增加你的工作投入和满意度吗	●大多数受访者（13人）认为参与决策可以增加工作投入和满意度。它可以激励教师加倍努力做好他们的工作	●被调查者认为决策参与对教师的工作有积极的影响，包括提高专业自主性和满意度，增强对学校的认同感和归属感，促进专业成长和职业发展，改善工作环境和条件，提高工作效率和创新能力等。这种积极影响的实现取决于几个因素，如参与程度、决策过程的透明度，以及教师意见被采纳和尊重的程度
3. 指令领导型风格	●大学（学院、系）领导提供的职业发展指引有多好？这对你的职业发展和工作满意度有何影响	●被调查者普遍认为领导的工作满意度。目前，领导在教学技巧、教师竞赛、毕业论文竞赛等方面给予了更多的指引	●受访者认为，领导对教师进行教学指导、邀请专家指导教师竞赛，改进竞赛材料，对教师的成长有很大帮助，更有利于教学质量的提高
4. 支持领导型风格	●大学（学院、系）领导支持和帮助解决问题方面做得如何？这些支持性的行为对你的工作满意度有积极的影响吗	●被调查者普遍认为对教师的工作满意度会对领导产生积极影响。现任领导对下属的教学给予了一定的支持，如关心员工的生活、帮助员工解决困难、提供资源支持教学、开展教学改革、优化教学条件等	●领导不仅提供丰富的教学资源和先进的教学设施和平台，还经常关心我们的工作状态和情感需求。当我遇到困难时，领导会及时伸出援助之手，给我帮助和支持。这种支持和关心对我的工作满意度产生了积极的影响，使我更加专注于教学

	访谈提纲	关键观测点	示例
5. 自我效能感	●你对自己作为一名教师的能力和影响力有多大信心？这与你的工作满意度有什么关系 ●大学（学校）是否有一个系统或环境可以帮助你提高自我效能率，从而提高工作满意度	●受访者普遍认为对自己的能力和影响力有信心，部分受访者甚至表现出高度的自信。这种自信通常与教学质量、应对专业挑战、促进个人和专业成长，有利于提高教学质量、增强工作满意度和成就感 ●受访者普遍认为学校（学院）有机制或环境可以帮助教师提高自我效能感，如"优秀人才支持计划"，国内访问学者，科研奖励机制等。有受访者认为上述机制或环境不够系统化，存在改进和完善的空间	●例如，受访者认为对她对自己作为教师的能力和影响力有信心。作为一名教师，上好一堂课，得到学生的好评，得到领导和同事的认可，会直接影响教师对教学工作的满意度 ●一位受访者认为，学校开展的"优秀人才支持计划"，提供了一些具有挑战性的任务，允许新教师尝试新的教学方法和策略等，可以增强我们的自我效能感，从而提高我们的工作满意度
6. 薪酬结构	●您如何看待当前薪酬结构的公平性和激励效应	●对于目前的薪酬结构，有9名受访者认为是公平的，有一定的激励作用；有4名受访者认为有很大的改进空间，特别是养老保险；有2名受访者认为不公平	●一位受访者认为薪酬结构合理。变得越来越合理。学校给予教师的工作满意度和学分转换，提高了教师的工作热情，但在薪酬结构上，养老保险、岗位津贴，教龄工资较少，缺乏激励

访谈提纲	关键观测点	示例
6.薪酬结构 ● 薪酬结构和福利政策是否符合你的期望并影响你的工作满意度	● 对于薪酬结构和福利政策，5位受访者表示满意，其余大部分受访者认为大学应该完善福利政策，比如增加养老保险的比例、企业年金，参与学校决策，以保障他们的退休生活。一般认为薪酬结构和福利政策会影响教师的工作满意度	● 一位受访者认为大学的薪酬结构和福利政策是合理的。她希望学校能提供更完善的福利政策，如养老保险、企业年金等。这样可以更好地满足教师的需求，提高工作满意度
● 根据您的经验，您认为哪些因素最能提高教师的工作满意度	● 被调查者认为薪酬结构是教师工作满意度的基础。此外，领导风格、职业发展前景、工作环境、合理工作量、尊重与认可，参与学校决策、学生的成功与进步，工作与生活的平衡等都会影响教师的工作满意度	● 一位受访者认为薪酬结构和福利政策是提高教师工作满意度的基础。此外，关注领导风格、提供良好的工作环境，建立积极的团队文化也是非常重要的因素
7.总结与展望 ● 如果你有机会改善现状，你希望在哪些方面有所改变	● 如果有机会，受访者希望在以下方面有所改变（包括培训、科研团队、经验交流等），良好的薪酬结构和福利，领导风格（包括制度、文化、工作环境等），成长机会等	● 一位受访者希望进一步完善社会保障体系、增加教师职业发展能力，减轻工作压力，参与决策过程，改善工作环境和资源配置，并关注教师的工作与生活平衡

教学培训、教学会议和学术会议，邀请外部专家举办学术讲座，组织
教学经验分享，老教授帮助青年教师，支持教师攻读博士学位，指导
教师制定职业规划，提高教师工资等。

4.4 战略计划

4.4.1 战略计划措施

第3章描述了战略计划，从2023年4月到2023年11月，持续32
周。表4-7列示了战略计划各阶段的主要资料及结果。基于这些信
息，我们可以回答研究问题7参与型领导风格、支持型领导风格、指
令型领导风格、自我效能感、薪酬结构的适当战略计划如何提高教师
的工作满意度？整个战略计划分为五个阶段：建立团队和设定目标、
团队辅导、个体辅导、实践与反馈、总结和分享。

表4-7　　　　　　　　　　　战略计划结果

序号	持续时间	关键词	结果
1	第1周， 2小时	建立团队	●来自A大学不同二级学院的教师组成团队 ●每名教师都知道他们正在参与一项关于教师工作满意度的调查。这项调查对他们很有意义
		设定目标	●为所有受访者设定SMART（具体性-Specific、可衡量性-Measurable、可实现性-Attainable、相关性-Relevant、有时限性-Time-bound）目标，制定清晰的战略规划流程

序号	持续时间	关键词	结果
1	第1周，2小时	SWOT诊断分析	●所有受访者都进行了SWOT分析，以自我诊断他们的工作满意度 ●他们能够识别自己的内部优势和劣势，以及外部的机会和威胁
2	第2—4周，6小时	团队辅导	●受访者对教师工作满意度的概念和内容有全面的了解 ●受访者对参与型领导风格、支持型领导风格、指令型领导风格、自我效能感和薪酬结构有清晰的理解 ●受访者认为参与型领导风格、支持型领导风格、指令型领导风格、自我效能感和薪酬结构是影响教师工作满意度的重要因素 ●受访者对提高自己的工作满意度表现出积极的兴趣，并表示愿意采取必要的措施进行改进 ●被调查者熟练运用教师工作满意度的诊断方法 ●受访者了解提高自身工作满意度的有效策略
3	第5—28周，16小时	实践与反馈	●在选择了提高自己教师工作满意度的方法后，每个受访者都努力实施提高教师工作满意度的措施 ●作为会计学院院长，研究者通过团队建设和采用新的管理技巧来调整自己的领导风格

序号	持续时间	关键词	结果
3	第5—28周，16小时	实践与反馈	●每位受访者都积极参与反馈环节，分享在提高教育工作者工作满意度方面的成功经验和教训。他们还从其他教师的反馈中获得见解，并分享最佳实践，优化自己的行为，以提高教师的工作满意度。研究人员立即提供了一系列提高教育工作者工作满意度的方法 ●部分受访者通过参加培训项目、学术交流、教学竞赛、学科竞赛等方式提升自身技能，同时获取提高薪酬待遇、晋升专业级别、入选"优秀人才支持计划"或高层次人才计划等信息，增强自我效能感 ●通过坚持教学和研究活动，积累转化为绩效分数的成就，并在提高工资，晋升到更高的专业级别或纳入著名的计划，如"优秀人才支持计划"或高层次人才计划方面取得进展。同时，从2023年开始，每两年根据规定对教师权益进行重大调整；福利通过诸如获得职业年金和补充养恤金保险计划等措施得到加强，这些措施表达了对老年教师缺乏支持和帮助的关切 ●在整个战略规划期间，每位教师选择合适的方法，逐步细化策略，以提高个人的工作满意度，从而经历不同程度的整体工作满意度的提高

序号	持续时间	关键词	结果
4	第2—28周, 9小时	个体辅导	●通过专业的指导和咨询,受访者能够更深入地了解自己的教学优势和兴趣领域,更准确地评估自己目前的工作满意度,并优先考虑自己的个人需求 ●大多数受访者都找到了具体的方法来提高他们的工作满意度,无论是提高教学技能、薪酬和福利,还是调整他们的个人态度
5	第29—32周, 4小时	总结和分享	●在总结报告中,我们对32周战略计划进行了全面、深入的总结。在这个过程中,我们不仅注重整体战略的规划与实施,更注重每位教师的个人成就 ●同时,我们也鼓励每位教师积极分享他们对教师工作满意度的理解 ●我们知道教师的工作满意度不仅关系到教师个人的幸福感,而且还影响教学质量和学生的学习效果。因此,我们重视每一位教师的反馈,希望通过他们的声音找到提高教师工作满意度的有效途径

4.4.2　战略计划实施过程

本研究立足现状,通过深度访谈,全面分析了教师工作满意度的现状及存在的问题。在访谈过程中,我们发现参与者虽然对教师的工作满意度有一定的了解,但对教师目前的满意度水平和影响因素的了解并不全面。他们对提高工作满意度的策略感到困惑，缺乏明确的方向和有效的方法。鉴于这种情况，研究者决定设计一个战略规划方案来指导教师提高工作满意度。研究者以目标和指导原则为切入点，帮助参与者建立更清晰、更具体的愿景，引导他们找到提高工作满意度的有效途径。在制定战略规划的过程中，研究者充分利用SWOT分析工具，协助参与者进行自我诊断，找出提高工作满意度策略的优势、劣势、机会和威胁，从而准确地设定目标，避免盲目行动和无效结果。并从建立有效的沟通机制、加强专业培训、优化工作环境等方面提出了具体的策略和方法，以帮助教师提高工作满意度，提高工作效率和教学质量。在此基础上，研究者采取一系列战略计划和活动，激发教师的积极参与和反馈，营造支持和合作的氛围，最终提高教师的工作满意度。具体而言，将实施以下各项活动：

第一，研究者将定期组织教师参加小组讨论和分享会，促进教师相互学习，交流经验，解决教学过程中遇到的问题。通过这种互动的方式，教师可以相互学习彼此优秀的教学方法，提高教学质量，增强团队凝聚力。

第二，在为教师提供个性化咨询服务的过程中，研究者将针对教师在教学中遇到的个性化问题提供针对性的解决方案。通过教学和学术交流，教师可以找到更适合自己的教学方法，提高教学效果，增强教学科研信心。研究者通过积极鼓励教师参与改革创新来激发他们的探索热情。研究者将鼓励教师申请教研项目，参加教学竞赛等形式，提高专业素质。

第三，研究人员还将组织各种专业培训、讲座、研讨会，全面提高学术研究、概念构建和技术应用能力。为创造一个支持和合作的氛围，研究者将强调团队合作的重要性，鼓励相互支持和共同进步的态度。通过团队建设活动，可以增进彼此的信任和理解，使课堂任务的执行更加默契和有效。

综上所述，研究者将通过多种方法来全面提升教师的专业水平、学术质量和专业信心，并依靠学校两年一次的调薪制度来提升教师的工作满意度。教师只有在工作中充满成就感和满足感，才能更热爱自己的工作，提高教学质量，产生更多的研究成果。

1）团队组建和目标设定（第1周）

第一阶段，研究人员从A大学众多教师中按随机抽样的分层定比法挑选了30名教师，由不同性别、年龄、职称、教学经验的教师组成多元化的访谈团队，旨在从多个角度收集提高教师工作满意度的信息。他们包括年轻而有活力的教授、成熟而稳重的副教授、30~50岁的充满活力的讲师，涵盖了所有年龄段。

为了增强团队凝聚力，研究者在制订战略计划之前首先设定了明确的、具有挑战性的团队目标，并通过各种活动培养团队意识。研究人员详细解释了战略计划的目的，即通过团队合作找到提高教师工作满意度的有效途径。为了让教师更好地理解本计划，研究者不仅对所涉及的专业术语进行了解释，还强调了本研究的现实意义，使教师意识到参与本研究的重要性，以提高教师的参与度。在确保所有教师都理解并同意战略计划后，研究人员引导每位教师使用SWOT分析工具进行自我诊断，以确定提高工作满意度的可能性和可行性。通过SWOT分析，教师认识到自己的优势和劣势，在外部环境中存在的机会和威胁，并且能够评估内部能力以制定更适合自己的目标。接下来，每位教师都经历了个人认知和目标设定阶段。在这一阶段，教师通过SWOT分析深入了解自己，明确了提高工作满意度的具体目标。同时，研究人员还引导教师根据自身情况设定合理的目标，并通过努力实现这些目标，从而增强教师的自信心和成就感。在完成以上步骤后，研究者鼓励教师分享他们提高工作满意度的经验和见解，并引导他们讨论影响工作满意度的关键因素，以及如何有效地提高工作满意度。在这个过程中，教师不仅加深了对工作满意度的认识，而且找到了许多切实可行的方法来提高工作满意度。

一般来说，第一周是战略计划的启动阶段。在这一周中，研究者通过建立高效的团队，引导教师明确战略规划的目标和目的，帮助教师确立明确的目标，找到合适的方法来提高工作满意度，激发教师积极参与战略规划活动的积极性。

2）团队辅导（第2—4周）

团体辅导是提高教师工作满意度的战略计划的重要组成部分。它旨在通过集体协作、沟通和专业成长，提高教师的工作满意度和职业幸福感，从而提高教学质量和学校的整体效率。首先，团体辅导以营造积极健康的团队氛围为核心，鼓励教师分享教学实践中的成功经验、挑战和应对策略，不仅可以增进教师之间的相互理解和支持，还可以形成一个良好的学习共同体，共同面对和解决教育教学中的问题。其次，团队辅导为教师提供了深入讨论的平台，如教学方法、教育理念分析、情绪压力管理等主题活动，可以帮助教师更新教育理念，提高专业技能，从而提高教师的控制力和成就感。此外，团队辅导还可以针对教师个人的职业规划和发展需求，设计个性化的职业指导方案，如领导力培训、心理咨询、个人成长规划等，帮助教师实现自我价值，提高工作满意度。综上所述，实施团体辅导是改善教师工作满意度干预计划的有效途径。营造积极向上的团队文化，促进教师专业成长，关注个人发展需求，从各个方面、各个角度改善和提升教师的工作满意度，从而促进教育的持续健康发展。

3）个体辅导（第2—28周）

个体辅导作为一种重要的干预策略在教师工作满意度研究中得到了广泛的应用。本项目旨在通过一对一的专业咨询，深入挖掘和解决影响教师工作满意度的个性化问题，提高教师的工作满意度和幸福感。首先，个体辅导关注教师的个人心理健康和职业发展需求，针对教师可能面临繁重的教学任务、学生管理问题、职业晋升瓶颈等各种压力源，提供心理支持和应对策略指导，帮助教师有效缓解压力，增强自我适应能力。其次，个体辅导为每位教师提供量身定制的成长路径规划，通过深入了解教师的专业特长、兴趣爱好和长期职业目标，引导教师明确职业定位和发展方向，激发内在动力，提高教师的工作敬业度和成就感。此外，个体辅导还注重提高教师的情感智慧和人际交往能力，鼓励教师诚实表达自己的情绪，学会积极沟通，建立良好的师生、同事和家庭工作平衡，有助于提高他们在工作场所的整体满意度。

综上所述，在教师工作满意度研究干预项目中，个体辅导是深度干预、精准解决个体问题的有效手段。全面关注教师的身心健康、职业发展和个人价值实现，有望有效提高教师的工作满意度，进一步促进教育教学质量的全面提升。

4）实践与反馈（第5—28周）

实践与反馈阶段是"教师工作满意度影响因素研究战略计划"的关键环节。这一阶段的主要目标是通过实践培训和及时反馈，提高教师的教学技能、专业素质、薪酬福利待遇，从而提高整体工作满意度。研究者在实践阶段设计并实施了针对性强、实践性强的教师专业发展活动。

（1）调整领导风格

一是鼓励更多教师参与学校和学院决策，主动发扬参与型领导风格，提高教师主人翁责任感和工作满意度。在教育领域，教师不仅是知识的传播者，还是教育实践的重要参与者和决策者。鼓励更多教师参与学校和学院决策，是提升教育质量、增强教师职业满意度的关键环节。这一理念的实践，旨在通过赋予教师更多的发言权和决策权，构建更加民主、开放、包容的教育治理体系，从而激发教师的积极性，促进教育创新与发展。教师是教育现场的直接执行者，对教育过程有深刻的理解和丰富的实践经验。他们的意见和建议往往能从一线角度出发，提出更具针对性、可行性的解决方案。通过让教师参与到决策过程中，增强教师的主人翁精神，让他们感受到自己的价值和影响力，从而提高工作积极性和满意度。此外，这也有助于培养教师的领导力和决策能力，为他们未来可能承担的管理角色做好准备。首先，组织教师参与决策会议。学校和学院定期举办各类决策会议，邀请教师代表参与，特别是在制定与教师工作密切相关的政策时，如年终考核管理办法、学科专业发展方向、新专业申报、教学管理政策等。通过这种方式，教师可以直接参与到这些决策过程中，表达自己的观点和建议，促进决策的科学性和公平性。其次，设立教师参与决策的平台。学校建立了专门的教师咨询委员会，由教师选举产生，负责向校领导提供决策建议，参与学校重大决策的审议。同时，鼓励教师通过在线平台、邮件等方式，对学校各类规章制度、政策文件提出修改意见，确保决策过程的透明度和民主性。再次，提升教师参与决策的能力。学校定期举办培训和研讨会，提升教师的决策能力、沟通技巧和团队协作能力。通过模拟决策场景、案例分析等方式，让教师在实践中学习如何有效表达观点、协调不同意见，以及如何在复杂决策中作出明智的选择。最后，建立反馈机制。决策过程不应止于会议和提案，而应建立有效的反馈机制，让教师了解决策结果是如何采纳或调整的，以及自己的建议对最终决策产生了何种影响。这种透明和公开的沟通方式，有助于增强教师的信任感和参与感。总之，鼓励教师参与决策，不仅是对教师主体地位的尊重，也是提升教育质量、促进教育公平的重要途径。通过构建更加开放、民主的教育治理体系，激发教师的创新活力和责任感，我们不仅能提升教育的效果，还能培养出更多具备批判性思维、创新能力和领导力的未来领导者。在这个过程中，教师的角色从知识的传授者转变为教育变革的推动者，共同为建设更加公平、高质量的教育体系贡献智慧和力量。

二是加大对教师专业成长的支持，积极发扬支持型领导风格，构建全面发展的教育生态系统。在现代教育体系中，领导者的作用不仅仅是传授知识，更重要的是激发教师潜能、推动专业发展、促进学术创新以及营造积极的团队文化。支持型领导风格强调通过给予资源、提供指导、创造机会以及关注个人福祉来培养和发展人才。首先，鼓励教师成长与发展。为了推动教师的专业发展，可以鼓励教师参与各类教学竞赛和创新竞赛，并提供赛前培训。这不仅能够提升教师的教学技能和创新能力，还能通过竞赛的形式激发教师的竞争意识和自我超越精神。竞赛不仅是对教师能力的检验，还是对其专业素养的提升过程。其次，给予教师学术与科研方面的支持。为教师提供访问学术数据库、订阅专业期刊的机会，以及参加国际学术会议的平台，有助于教师获取最新的学术动态和研究成果，增强科研能力。鼓励青年教师参与跨学科的合作项目。这不仅能拓宽他们的研究领域，还能促进不同学科间的知识融合，培养复合型人才。组建科研团队，开展有组织的科研，为青年教师提供必要的经费支持和项目指导，包括项目设计、数据收集与分析、论文撰写等环节，帮助他们克服科研过程中的挑战，提高科研产出的质量。再次，营造积极的团队文化。通过建立一个互助学习的环境，鼓励教师之间的交流与合作，形成一个资源共享、经验互鉴的学习共同体。定期的集体备课、教学观摩等活动，不仅能增进教师间的相互了解和支持，还能促进教学方法的创新与改进；还可以通过组织团队建设活动，如工作坊、研讨会、户外拓展等，增强团队凝聚力，提升团队协作能力，使教师们在轻松愉快的氛围中共同成长。最后，关注教师心理健康。为教师提供专业的心理咨询服务，关注教师的工作压力、职业倦怠和个人生活问题，帮助他们建立健康的应对机制。创造一个支持性的工作环境，确保每位教师都能在良好的心理状态下投入到教学工作中，避免因压力过大而影响工作和生活质量。通过上述策略的实施，我们构建了一个以支持型领导为核心，旨在促进教师全面发展、推动教育创新、营造积极团队文化以及关注教师福祉的教育生态系统。这样的系统不仅能够激发教师的潜力，提升教学质量，还能为学生提供更优质的教育资源，最终实现教育的整体进步和社会的长远发展。

三是构建高效教学指导体系，发挥指令型领导优势，助力青年教师成长。教育事业的持续发展离不开一支高素质、高水平的教学团队。其中，青年教师作为教育队伍中的生力军，其专业成长与能力提升对于整体教学质量的提高具有决定性的影响。因此，建立一套完善的教学指导体系，对青年教师进行系统化、个性化的指导，显得尤为重要。首先，建立教学导师制度。导师应负责指导青年教师的课堂教学设计、课程内容选择、教学方法运用、学生互动技巧以及如何有效地评估学生的学习成果、毕业论文指导、教学文件撰写、教学比赛、教研教改等。导师还需关注青年教师的职业发展，提供学术研究方向的建议，协助规划个人职业路径，并鼓励青年教师参与学术会议和发表研究成果。此外，还要建立定期的指导会议机制，加强导师与青年教师间的定期交流与反馈。导师与被指导教师之间应就教学计划、课堂表现、学生反馈等问题进行深入讨论。同时，导师需要提供即时反馈，帮助青年教师识别教学中的优点与改进点，以便及时调整教学策略。其次，强化教学技能培训。依托教学工作坊建设，组织一系列的教学研讨会，邀请经验丰富的教师分享他们的教学心得和成功案例。

这些活动可以涵盖教学设计、课堂管理、学生激励等多个方面，帮助青年教师拓宽视野，学习不同的教学技巧。最后，实践与反思。鼓励青年教师在实际教学中尝试新的教学方法，并要求他们对自己的教学过程进行反思，记录教学中的亮点和挑战，以便于后续的改进和优化。通过上述措施的实施，不仅能够帮助青年教师快速适应教学岗位，提升教学质量和科研水平，还能促进整个教学团队的和谐发展，共同推动教育事业的进步。最终目标是培养出更多具有创新精神、教学能力强、学术成果显著的优秀教师，为社会输送高质量的人才，为国家的教育事业贡献力量。

（2）提高教师自我效能感

教师自我效能感是指教师对自己完成特定任务或达成教育目标的信心和信念。它对教师的教学效果、职业满意度以及长期的职业发展具有深远的影响。①制定有效措施帮助教师专业发展与技能提升。首先，根据教师的个人职业目标和当前的能力水平，设计个性化培训计划，涵盖教学技巧、课程设计、学生管理、技术应用等多个方面。其次，利用在线课程、研讨会、工作坊等形式，确保教师能够持续学习和更新知识。再次，通过邀请经验丰富的教师介绍他们在教学实践中遇到的问题及其解决策略，让教师学习到如何灵活运用理论知识解决具体问题。最后，建立教师互助小组，鼓励教师之间进行一对一的指导和反馈，通过合作备课、共同教学、反思交流等活动，促进教师之间的相互学习和成长。②帮助教师设定目标并努力实现。首先，引导教师设定具体的、可衡量的、可实现的、相关的、有时间限制的SMART目标，定期检查目标进度，调整策略，持之以恒不断努力，以确保目标的实现。其次，通过设立成就墙或电子展示平台，记录教师的个人成就和贡献。这不仅包括教学成绩的提升，还包括在专业发展、学生关怀、创新项目等方面的成果。定期举办表彰活动，公开表扬教师的杰出表现，提升教师的职业自信心。最后，帮助教师自我反思，并持续改进。鼓励教师记录成长日记，记录每天的收获、面临的挑战以及解决方法，定期进行自我反思，识别自身优势与改进空间，以此作为自我效能感提升的依据。③提供情感支持与心理调适。首先，为教师提供心理健康教育和辅导服务，帮助教师学习情绪管理、压力缓解等技能，组织心理健康讲座、工作坊，增强教师的心理韧性。其次，通过建立教师支持小组或社群，提供情感支持和交流平台，鼓励教师分享个人经历、困惑和解决方案，形成相互理解、相互支持的社区氛围。④提供领导力方面的培训和职业规划指导。首先，为教师提供领导力培训，包括沟通技巧、团队管理、决策制定等方面的内容，帮助教师在不同的角色中发挥影响力，增强自我效能感。其次，与教师共同制定长期职业规划，包括短期目标、中期目标和长期愿景；定期评估规划进展，调整方向，确保职业发展路径与个人价值观相符。最后，邀请成功的教师分享他们的职业故事和成功经验，通过榜样效应激励其他教师，激发他们的自我效能感和职业热情。通过实施上述方案，不仅可以提升教师的自我效能感，还能促进教师的个人成长、增强职业满意度和幸福感，进而提高教学质量，促进学校乃至整个教育系统的健康发展。

（3）完善教师薪酬结构

本研究期间正值 A 大学两年一度的增资周期，这为开展教师薪酬结构的改革与优化方面的研究提供了绝佳的契机。2023 年，A 大学在工薪和福利方面的增幅较以往年度有显著提升，所有教师的福利得到了实质性的改善，这为本项目的研究提供了强有力的支持。值得关注的是，民办大学办学机制与公办大学不同，其办学资金主要来源为学生学费收入。与公立大学相比，民办大学在资金支持、教师队伍稳定性、退休福利、社会认可度、发展平台及生活保障等方面存在明显不足。许多具备丰富经验和富有能力的教师在工作一段时间后，选择离开民办大学，转投公立大学或更为发达的城市，导致教师队伍中优秀人才的流失。因此，提高教师工作满意度，保证教师队伍稳定，成为民办高校战略规划中亟待解决的重要问题。根据本章对自变量和因变量的多元线性回归分析结果，薪酬结构是影响教师工作满意度的关键因素。因此，A大学充分考虑了长期战略发展的需求，在过去几年对薪酬结构进行调整的基础上，再次对基本工资进行了优化，调整了住房公积金缴存金额，提高了岗位责任津贴，大幅调整了绩效奖金额度，还为高级职称人员和处级及以上干部购买了补充养老保险，提高教师应对重大困难的能力。从双因素理论的角度考虑，此次调薪，无论是激励因素还是保健因素，皆得到了有效的满足。具体的薪酬调整措施如下：①全体员工的基本工资在原来基础上人均增加500元。②设立职称津贴——教授每月5 000元，副教授每月3 000元，讲师每月1 000元。③设立辅导员津贴——讲师职称辅导员每月增加1 000元，非讲师职称辅导员每月增加800元。④增加中层管理人员岗位津贴——正处级干部每月增加800元，副处级干部每月增加500元。⑤中层管理人员年终考核奖金在原标准的基础上增加奖金额度——正处级干部获评优秀等级的增加20 000元，获评良好等级的增加20 000元，获评合格等级的增加5 000元；副处级干部获评优秀等级的增加15 000元，获评良好等级的增加10 000元，获评合格等级的增加5 000元。⑥提高住房公积金缴存比例——高级职称人员每月增加400元，其他人员每月增加100~200元。⑦为高级职称人员和副处级及以上干部购买企业年金，保证教师退休后的生活质量。⑧为高级职称人员和副处级及以上干部购买补充医疗保险，为教职工遇到重大困难时提供保障。薪酬福利调整计划详细信息见表4-8。

表4-8 **薪酬福利调整计划**

序号	项目	薪酬福利增加明细	
1	基本工资	人均增加500元	
2	职称津贴	教授	每人每月增加5 000元
		副教授	每人每月增加3 000元
		讲师	每人每月增加1 000元
3	辅导员津贴	讲师	每人每月增加1 000元
		其他	每人每月增加800元
4	岗位责任津贴	正处级	每人每月增加800元
		副处级	每人每月增加500元
5	中层干部年终考核绩效奖金	正处级 优秀	每人每年增加20 000元
		正处级 良好	每人每年增加20 000元
		正处级 合格	每人每年增加5 000元
		副处级 优秀	每人每年增加15 000元
		副处级 良好	每人每年增加10 000元
		副处级 合格	每人每年增加5 000元
6	住房公积金	高级职称	每人每月增加400元
		其他	每人每月增加100~200元
7	养老福利	高级职称和中层管理干部	购买企业年金
8	医疗福利	高级职称教师及副处级及以上干部	购买医疗保险

（4）完善的反馈机制

在实施各类干预措施时，反馈机制的建立与完善至关重要。反馈机制不仅能够帮助我们评估干预措施的有效性，还能为后续的改进和调整提供依据。反馈机制是指在干预措施实施过程中，通过收集、分析和反馈相关数据与信息，评估干预效果并进行必要调整的系统性过程。其重要性体现在以下几个方面：①可以评估干预措施的效果。通过反馈机制，可以及时了解干预措施的实施效果，判断其是否达到预期目标。②促进干预措施的优化与改进。反馈机制能够揭示干预措施中的不足之处，帮助相关人员进行针对性的改进。③增强干预措施的透明度。有效的反馈机制能够提高干预措施的透明度，增强公众的信任感。④支持决策。反馈数据为决策提供了科学依据，帮助管理者制定更有效的策略。

研究者通过以下途径构建反馈机制：①确定反馈对象，在构建反馈机制时，首先需要确定本研究反馈对象为参与战略计划的30名受访教师、与他们相关的主管领导、学校相关管理部门。②选定反馈工具。本研究采用问卷调查、访谈和观察记录相结合的方式，收集反馈信息。问卷调查可以收集参与者对干预措施的看法和建议；访谈可以与参与者进行面对面的深入访谈，获取更详细的反馈信息；观察记录则是在干预措施实施过程中，进行观察并记录相关情况，以便后续分析。③建立反馈渠道。有效的反馈渠道有利于参与者方便地提供反馈信息。常见的反馈渠道包括：聊天软件（如微信、QQ）、电话、定期会议等。本研究结合实际，灵活使用上述三种渠道收集反馈信息。④实施反馈机制。首先，在干预措施实施过程中，应及时、全面地定期收集反馈信息；其次，采用定量和定性相结合的方法对收集到的信息进行分析，如对问卷数据采用定量分析，对访谈内容进行定性分析，并及时将分析结果应用于干预措施的调整和改进。干预措施的反馈机制是提升干预效果、促进持续改进的重要工具。通过建立科学、系统的反馈机制，我们能够更好地评估干预措施的实施效果，及时调整策略，最终实现预期目标。

综上所述，实践与反馈阶段鼓励教师通过"实践-反馈-改进"

的迭代循环，逐步完善自己的专业技能，最终提高工作效率和质量。这个过程增强了他们的认同感和成就感，从而有助于提高工作满意度。通过这一阶段的工作，教师的工作满意度会有显著的提高，从而有利于教育的整体质量。

4.5 战略计划后数据分析

4.5.1 描述性统计分析

研究者战略计划结束后，对参与受访的30名教师再一次发放问卷，对收集的问卷数据进行描述性统计分析。对参与型领导风格、支持型领导风格、指令型领导风格、自我效能感、薪酬结构、教师工作满意度六个核心变量的评估显示，六个变量在实施战略计划后均有显著的进步和积极的变化。战略计划后描述性统计分析结果见表4-9。

表4-9　　　　　　　　战略计划后描述性统计分析

变量	项目	平均值	标准差
参与型领导风格（PLS）	PLS	4.47	0.669
	PLS 1	4.47	0.681
	PLS 2	4.47	0.681
	PLS 4	4.47	0.681
	PLS 5	4.47	0.730
支持型领导风格（SLS）	SLS	4.42	0.726
	SLS 1	4.50	0.682
	SLS 2	4.43	0.728
	SLS 3	4.37	0.809
	SLS 4	4.37	0.964

变量	项目	平均值	标准差
指令型领导风格（DLS）	DLS	4.52	0.666
	DLS 1	4.47	0.681
	DLS 2	4.50	0.682
	DLS 3	4.53	0.730
	DLS 4	4.57	0.679
自我效能感（SE）	SE	4.00	0.772
	SE 1	4.23	0.774
	SE 3	3.83	1.090
	SE 4	3.97	0.765
	SE 5	4.07	0.740
	SE 6	4.03	0.765
	SE 7	4.07	0.785
	SE 8	4.00	0.871
	SE 9	4.00	0.871
	SE 10	3.80	0.887
薪酬结构（CS）	CS	3.68	0.733
	CS 1	4.07	0.785
	CS 2	4.00	0.830
	CS 3	3.63	0.718
	CS 4	3.67	0.844
	CS 5	3.57	0.935
	CS 6	3.77	0.774
	CS 7	3.70	0.988
	CS 9	3.50	1.070
	CS 10	3.23	1.040

变量	项目	平均值	标准差
教师工作满意度（TJS）	TJS	4.19	0.692
	TJS 1	4.43	0.679
	TJS 2	4.07	0.785
	TJS 3	4.17	0.791
	TJS 4	4.17	0.747
	TJS 5	4.27	0.785
	TJS 7	4.10	0.845
	TJS 8	4.30	0.877
	TJS 9	4.20	0.761
	TJS 10	4.00	0.695

由表4-9可以看出，实施战略计划后，参与型领导风格的各量表项目的平均得分均为4.47，相比战略计划前的3.20至3.50提高了0.97至1.27。这表明参与型领导风格在战略计划中得到了更充分的实施。标准差分别为0.730和0.681，说明大多数评价意见比较集中，分散程度较小。

支持型领导风格的各量表项目的平均得分在4.37至4.50之间，相比战略计划前的平均得分1.60至1.77增加了2.60至2.87。该变量的平均增幅最大，说明支持型领导行为在实施战略计划后得到了显著改善。标准差在0.682至0.964之间，表明评价者对支持型领导风格的看法存在差异。其中，SLS 4（领导平等对待所有团队成员）的标准差最高，为0.964，说明评价者对该项目的意见比其他项目更为分散。

指令型领导方式的各量表项的平均值在4.47至4.57之间，相比战略计划前的3.63至3.83增加了0.70至0.87。这说明战略规划对指令型领导方式产生了一定的影响。标准差为0.679至0.730，说明评价者对该变量项目的意见虽然不同，但相对集中。

自我效能感的各量表项目的平均值在3.80至4.23之间，比实施战略计划前的2.97至3.83提高了0.2至0.83。这表明战略计划对变量的单项影响较小，如SE 6（如果我努力，我可以解决大部分障碍），其平均值仅增加0.2。变化最大的是SE 10（不管发生什么事，我总能轻松应对各种情况），其平均值增加0.83。此外，SE 3（坚持我的梦想并实现它对我来说很容易，没有困难）的标准差最高，为1.09，这表明评价者对该项目有不同的看法。其他项目的标准差在0.740至0.887之间，说明评价者意见比较一致。

薪酬结构的各量表项目的平均值在3.23至4.07之间，相比战略计划前的平均值2.07至3.10增加了0.9至1.57。增幅最高的是CS 4（学校的节日奖金很有竞争力），其平均值增加1.57，增幅最小的是CS 2（目前的休假政策是合理的），其平均值增幅0.9。标准差大于1的有两个项目，分别是CS 10（大学提供交通津贴）的标准差为1.04，CS 9（大学提供居住津贴）的标准差为1.07，表明不同的评估者对学校提供住房和交通津贴的看法存在较大差异。这可能与一些人享受到了学校分配的经济适用房，而另一些人没有享受到有关。其他项目的标准差相对一致，范围在0.718至0.935之间，说明评价者对这些项目的意见存在一定的差异，但大多数意见是集中的。

教师工作满意度的各量表项平均值在4.0至4.43之间，相比战略计划实施前的2.43至3.43提高了1.0至1.7。这表明战略计划的实施有效提高了教师的工作满意度。其中，TJS 7（我对我的工作有安全感）、TJS 8（我相信管理层关心我）、TJS 9（总体上我认为工作对我的身体健康有好处）、TJS 10（我的工资不错）的改善程度较高。这可能与学校2023年的加薪计划有关。在这次加薪中，所有教师的工资都提高了。然而，不同级别教师的工资增长速度是不同的。具有教授职称的教师和进入"优秀人才支持计划"的教师的工资上升率最高，总工资也最高。各量表项目的标准差在0.679至0.877之间，说明评价者的意见比较平衡。

4.5.2 访谈内容分析

在战略规划的第五阶段（第29—32周），研究者对参与战略计划的教师进行访谈，总结战略计划实施的有效性。在"教师工作满意度影响因素研究战略计划"的访谈与总结中，研究者采用深度访谈、教师分享、综合总结的方法，对影响教师工作满意度的战略计划的实施效果进行了深入了解和综合分析。首先，在访谈阶段，研究者与不同岗位、职称、年龄的教师就战略规划的实施效果进行了深入的面对面交流，研究人员还鼓励教师在战略计划实施前、实施中、实施后增加互动和交流，分享自己的感受，特别是分享实施战略计划后教师的工作满意度是否达到预期效果。其次，在总结时，研究者对这一阶段收集到的信息进行了详细的梳理和总结。通过对访谈记录的系统分析，研究者得出了以下重要结论：

（1）参与活动使教师感受到尊重和认可，这直接关系到教师对组织的归属感，直接影响教师的工作满意度。

（2）领导的理解、支持、引导和开放包容的管理模式有利于营造良好的团队氛围，促进教师之间的合作精神，从而提高整体工作满意度。

（3）教师普遍希望有更多元化的专业发展机会和定期的教育培训，这是自我价值实现和职业满意度的重要来源。

（4）公平透明的薪酬制度和完善的福利保障可以提高教师的生活质量，极大地激发教师的工作热情和忠诚度。

总的来说，访谈和总结是我们深入了解战略规划实施效果的关键步骤，为后续教师工作满意度在实际工作中的提升提供了强有力的数据支持和实践依据。

4.5.3　配对样本 t 检验结果

配对样本 t 检验，通过比较战略计划前和战略计划后两组数据，回答研究问题 8：参与型领导风格、支持型领导风格、指令型领导风格、自我效能感、薪酬结构和教师的工作满意度在战略计划前和战略计划后阶段有何差异？

参与型领导风格（PLS）配对样本 t 检验结果见表 4-10。

表 4-10　参与型领导风格（PLS）配对样本 t 检验结果（N=30）

组别	变量	平均值	标准差	t 值	自由度	显著性
第 1 组	PLS 后	4.47	0.669	−6.48	29	＜0.001
	PLS 前	3.38	0.809			

从表 4-10 可以看出，参与型领导风格在战略计划后阶段的平均值（M=4.47，SD=0.669）明显高于战略计划前阶段（M=3.38，SD=0.809），t 值=−6.48，p ＜ 0.01，平均值差异为 1.09。通常，p 值小于 0.05 表示两组数据有显著变化。因此，假设 6 "参与型领导风格在战略计划前阶段和战略计划后阶段存在显著的均值差异"成立。

支持型领导风格（SLS）配对样本 t 检验结果见表 4-11。

表 4-11　支持型领导风格（SLS）配对样本 t 检验结果（N=30）

组别	变量	平均值	标准差	t 值	自由度	显著性
第 2 组	SLS 后	4.42	0.726	−13.36	29	＜0.001
	SLS 前	1.67	0.747			

从表 4-11 可以看出，支持型领导风格在战略计划后阶段的平均值（M=4.42，SD=0.726）明显高于战略计划前的（M=1.67，SD=

0.747），t值=-13.36，p < 0.01，平均值差异为2.75。因此，假设7"支持型领导风格在战略计划前和战略计划后阶段存在显著的均值差异"成立。

指令型领导风格（DLS）配对样本t检验结果见表4-12。

表4-12　指令型领导风格（DLS）配对样本t检验结果（N=30）

组别	变量	平均值	标准差	t值	自由度	显著性
第3组	DLS后	4.52	0.666	-5.2	29	<0.001
	DLS前	3.73	0.594			

由表4-12可知，指令型领导风格在战略计划后阶段的平均值（M=4.52，SD=0.666）明显高于战略计划前的（M=3.73，SD=0.594），t值=-5.2，p < 0.01，平均值差异为0.79。因此，假设8"在战略计划前阶段和战略计划后阶段，指令性领导风格存在显著的均值差异"成立。

自我效能感（SE）配对样本t检验结果见表4-13。

表4-13　　自我效能感（SE）配对样本t检验结果（N=30）

组别	变量	平均值	标准差	t值	自由度	显著性
第4组	SE后	4.00	0.772	-3.24	29	0.003
	SE前	3.46	0.602			

从表4-13可以看出，自我效能感在战略计划后阶段的平均值（M=4.00，SD=0.772）明显高于战略计划前阶段的（M=3.46，SD=0.602），t值=-3.24，p = 0.03，平均值差异为0.54。因此，假设9"战略计划前阶段和战略计划后阶段的自我效能感有显著的均值差异"成立。

薪酬结构（CS）配对样本t检验结果见表4-14。

表4-14　　　薪酬结构（CS）配对样本t检验结果（N=30）

组别	变量	平均值	标准差	t值	自由度	显著性
第5组	CS后	3.68	0.733	-8.68	29	< 0.001
	CS前	2.42	0.460			

从表4-14可以看出，薪酬结构在战略计划后阶段的平均值（M=3.68，SD=0.733）明显高于战略计划前阶段的（M=2.42，SD=0.460），t值=-8.68，p < 0.01，平均值差异为1.26。因此，假设10"在战略计划前阶段和战略计划后阶段的薪酬结构存在显著的平均差异"成立。

教师工作满意度（TJS）配对样本t检验结果见表4-15。

表4-15　教师工作满意度（TJS）配对样本t检验结果（N=30）

组别	变量	平均值	标准差	t值	自由度	显著性
第6组	TJS后	4.19	0.692	-11.62	29	< 0.001
	TJS前	2.87	0.190			

从表4-15可以看出，教师工作满意度在战略计划后阶段的平均值（M=4.19，SD=0.692）明显高于战略计划前阶段的（M=2.87，SD=0.190），t值=-11.62，p < 0.01，平均值差异为1.32。因此，假设11"教师的工作满意度在战略计划前和战略计划后两个阶段存在显著的均值差异"成立。

经过深入的研究和分析后发现，在实施战略计划前后，参与型领导风格（PLS）、支持型领导风格（SLS）、指令型领导风格（DLS）、自我效能感（SE）和薪酬结构（CS）等关键变量发生了显著变化。这些变化不仅反映了大学内部管理和领导风格的演变，还揭示了教师心理状态和激励机制的变化：①战略计划实施前后参与型领导风格（PLS）的变化表明，领导层在战略制定和实施过程中更加重视员工的参与和意见。这种变化有利于提高员工的归属感和工作满意度，进而提高组织的整体绩效。②支持型领导风格（SLS）的变化表明，在战略计划实施后，领导层更加关注员工的个人需求和发展，提供必要的支持和资源。这种变化有利于提高员工的积极性和忠诚度，从而增强组织的凝聚力和竞争力。③指令型领导风格（DLS）的变化表明，实施战略计后，领导更加注重指导和培训员工，以提高员工的技能和能力。这种变化有助于提高员工的综合素质和工作效率，为组织的长远发展奠定基础。④自我效能感的变化表明，在实施战略计划后，教师对目标任务的可操作性和组织目标的信心有所增加。这种变化有助于提高员工的积极性和创新性，为组织的创新发展提供持续的动力。⑤薪酬结构（CS）的变化表明，在实施战略计划后，学校对教师的激励机制进行了调整和完善。这种变化有助于激发员工的积极性和工作积极性，提高组织的工作效率和绩效。

综上所述，通过对参与型领导风格（PLS）、支持型领导风格（SLS）、指令型领导风格（DLS）、自我效能感（SE）、薪酬结构（CS）等关键变量的深入研究发现，这些变量在战略计划实施后都有显著的变化。假设6至假设11在统计上得到显著支持，揭示了战略计划实施过程中领导和员工心理状态的变化规律，为未来的组织发展和管理实践提供了有益的启示。

4.6　战略计划假设检验

本研究提出了11个假设，其中第四章开头的多元线性回归分析对概念框架构建的前5个假设进行了验证。而第6至第11个关于战略计划的假设得到了上述战略计划的定量和定性结果的支持，即：

H6：参与型领导风格在战略计划前阶段和战略计划后阶段存在

显著的均值差异。

H7：支持型领导风格在战略计划前和战略计划后阶段存在显著的均值差异。

H8：在战略计划前阶段和战略计划后阶段，指令性领导风格存在显著的均值差异。

H9：战略计划前阶段和战略计划后阶段的自我效能感有显著的均值差异。

H10：在战略计划前阶段和战略计划后阶段的薪酬结构存在显著的平均差异。

H11：教师的工作满意度在战略计划前和战略计划后两个阶段存在显著的均值差异。

4.7　研究结果

根据研究目的，本研究设置了八个研究问题。本研究采用定性研究方法（观察和访谈）和定量研究方法（多元线性回归和配对样本 t 检验）进行研究。在定性研究中，采用观察和访谈等工具，分析了参与型领导风格（PLS）、支持型领导风格（SLS）、指令型领导风格（DLS）、自我效能感（SE）和薪酬结构（CS）五个因素对教师工作满意度的影响。在定量分析中，通过"问卷星"小程序，在 A 大学的 10 个二级学院的 653 名教师中按随机抽样的分层定比抽样法选取了 80 名教师作为研究对象，向其发放问卷 80 份，收到有效回复 80 份。采用"Jamovi"软件进行多元线性回归分析（MLR），以参与型领导风格（PLS）、支持型领导风格（SLS）、指令型领导风格（DLS）、自我效能感（SE）和薪酬结构（CS）为自变量，探讨各变量对因变量教师工作满意度（TJS）的影响，并采用配对样本 t 检验分析战略计划前后各变量是否存在显著差异。研究结果如下：

有关问题1"参与型领导风格是否显著影响教师的工作满意度"的研究结果。

从定量分析的角度看，采用"Jamovi"软件，以参与型领导风格为自变量之一，教师工作满意度为因变量，进行多元线性回归分析（MLR），分析结果显示两者之间存在显著的正相关关系。在定性研究的访谈中发现，教师参与大学（院、系）的决策使教师感到受到尊重和认可，增强了教师在组织中的归属感，有利于提高教师的工作满意度。在实施战略计划后，这一结论在配对样本t检验（Pair Sample T-test）中得到验证。这表明定性研究和定量研究的结果是一致的。以上一系列研究结果表明，参与型领导风格对教师工作满意度有显著影响。

有关问题2"支持型领导风格是否显著影响教师的工作满意度"的研究结果。

从定量分析的角度看，采用"Jamovi"软件，以支持型领导风格为自变量，以教师工作满意度为因变量进行多元线性回归分析（MLR），分析结果显示两者之间存在显著的正相关关系。在定性研究的访谈中发现，领导者为教师提供必要的支持和资源，有助于提高教师的忠诚度和积极性，从而增强组织的凝聚力和竞争力，提高教师的工作满意度。在实施战略计划后，这一结论在配对样本t检验中得到验证。这表明定性研究和定量研究的结果是一致的。上述一系列研究结果表明，支持型领导风格对教师的工作满意度有显著影响。

有关问题3"指令性领导风格是否显著影响教师的工作满意度"的研究结果。

从定量分析的角度看，采用"Jamovi"软件，以指令型领导风格为自变量，教师工作满意度为因变量进行多元线性回归分析，分析结果显示两者之间存在显著的正相关关系。在定性研究的访谈中发现，领导者注重对员工的指导和培训，以提高教师的技能和能力，这有助于提高教师的综合素质和工作效率，为组织的长远发展奠定基础，从而提高教师的工作满意度。在实施战略计划后，这一结论在配对样本 t检验（Pair Sample T-test）中得到验证。这表明定性研究和定量研究的结果是一致的。上述一系列研究结果表明，指令型领导风格对教师的工作满意度有显著影响。

有关问题 4 "自我效能感是否显著影响教师的工作满意度"的研究结果。

从定量分析的角度看，采用"Jamovi"软件，以自我效能感为自变量，以教师工作满意度为因变量进行多元线性回归分析，分析结果显示两者之间存在显著的正相关关系。在定性研究的访谈中发现，教师自我效能感越高，对完成具有挑战性的工作和教学任务越有信心。这种自信有助于提高工作积极性和创新性，为组织的创新发展提供源源不断的动力，有利于提高教师的工作满意度。在实施战略计划后，这一结论在配对样本 t检验中得到验证。这表明定性研究和定量研究的结果是一致的。以上一系列研究结果表明，自我效能感对教师工作满意度有显著影响。

有关问题 5 "薪酬结构是否显著影响教师的工作满意度"的研究结果。

从定量分析的角度看，采用"Jamovi"软件，以薪酬结构为自变量，以教师工作满意度为因变量进行多元线性回归分析（MLR），分析结果显示两者之间存在显著的正相关关系。定性研究的访谈发现，薪酬结构是影响教师工作满意度的最重要因素，合理的激励性薪酬结构有利于维护教师队伍的稳定性、提高教师的积极性和创新性，为组织的创新发展提供源源不断的动力，提高教师的工作满意度。在实施战略计划后，这一结论在配对样本t检验（Pair Sample T-test）中得到验证。这说明定性研究和定量研究的结果是一致的。以上一系列研究结果表明，薪酬结构对教师工作满意度有显著影响。

有关问题6"参与型领导风格、支持型领导风格、指令型领导风格、自我效能感、薪酬结构、教师工作满意度目前处于什么水平"的研究结果。

本研究主要对教师工作满意度及其影响因素进行评价与测量。定量数据主要来自教师工作满意度量表。各维度的平均得分显示，参与型领导风格（PLS）、指令型领导风格（DLS）和自我效能感（SE）处于较高水平，薪酬结构（CS）处于较低水平，支持型领导风格（SLS）不足，教师工作满意度（TJS）处于中等水平。这一结论与定性分析的结果密切相关，即工资和福利是教师最重要的因素。因此，必须增加管理部门对教师的支持和资源投入。通过加深对这些因素的理解并实施战略计划，教师的工作满意度可以显著提高。

有关问题7"参与型领导风格、支持型领导风格、指令型领导风格、自我效能感、薪酬结构的适当战略计划如何提高教师的工作满意度"的研究结果。

实施战略计划的方法有很多。经过考虑，本研究选择了三种干预方式：团体辅导、个别辅导、实践和反馈。配对样本t检验（Pair Sample T-test）的结果显示，实施战略计划后，参与型领导风格（PLS）、支持型领导风格（SLS）、指令型领导风格（DLS）、自我效能感（SE）、薪酬结构（SE）和教师工作满意度（TJS）均发生了显著变化，也证明三种干预方法均取得了显著效果。由于本研究时间有限，未采用其他干预方法，无法验证其他干预效果。

有关问题8"参与型领导风格、支持型领导风格、指令型领导风格、自我效能感、薪酬结构和教师工作满意度在战略计划前和战略计划后阶段有何差异"的研究发现。

经过对战略计划前、后的问卷数据进行配对样本 t 检验（Pair Sample T-test），分析结果显示，各变量在小于 0.05 的显著性水平上具有统计学显著性。这一结果表明，各变量在实施战略计划后发生了显著变化。具体而言，30 名教师在实施战略规划前后的平均得分呈负向差异，说明实施战略规划后得分有所提高。其中，支持型领导风格（SLS）和教师工作满意度（TJS）的变化最为显著。

5

总结、结论和建议

首先，根据详细的研究结果，提出有针对性的结论，为民办高校在提高教师工作满意度的决策过程中提供有益的参考和建议。这些结论将涵盖研究课题的核心要点，帮助读者充分理解关键问题。其次，根据研究结果，为民办高校提高教师工作满意度提出切实可行的建议。这些建议将充分结合民办高校的实际情况，旨在帮助民办高校在面临提高教师工作满意度的问题时作出更加科学合理的决策，为民办高校的全面发展提供有力支持。最后，站在时代发展的前沿，展望未来的研究方向。在这些方向上，本研究将关注新兴的研究领域、跨学科的整合，以及对现有研究的深化和拓展。未来的研究将极大地影响民办大学的发展和竞争力，因此本研究密切关注前沿动态，以确保所开展的研究始终保持领先地位。综上所述，本章将从研究结论、建议、未来研究方向三个方面全面呈现本研究的成果，旨在为民办高校提高教师工作满意度提供有力支持。作者希望本章的内容能够对民办大学的决策和未来的研究产生积极的影响，共同促进中国民办大学的繁荣与进步。

5.1 研究总结

当前，我国民办大学正走在规范化发展的道路上，教师是高等学校深入发展的重要资源之一，教师的工作满意度直接影响其对学校的忠诚度和教师队伍的稳定性，从而影响民办大学的高质量发展。因此，深入研究教师工作满意度的影响因素显得尤为重要。本研究旨在分析不同领导风格、自我效能感和薪酬结构对教师工作满意度的影响程度，寻求提高教师工作满意度的有效策略。

本研究分为三个阶段：战略计划前阶段、战略计划阶段和战略计划后阶段。在战略计划前阶段，研究人员将研究重点放在SWOT分析、构建概念框架、收集和分析数据上。因此，在全面查阅文献后，研究者选择 Al-Sada, Al-Esmael and Faisal[60] 提出的参与型领导风格、支持型领导风格、指令型领导风格，Demir[66] 提出的自我效能感以及 Ashraf[8] 提出的薪酬结构作为自变量，以工作满意度作为因变量。随后，提出了一个概念框架，并采用定量和定性相结合的方法收集和分析数据。

在数据收集之前，研究人员邀请了三位专家对所有43个量表项目进行 IOC 测试，以评估其有效性（效度）。经过测试发现 PLS 3、SE 2、CS 8、TJS 6 共 4 个量表项目不符合要求，删除这 4 个量表项目，保留其余 39 个量表项目。随后，研究人员使用"Jamovi"软件测试了 30 个样本数据，以确保每个量表项目的可靠性（信度）。分析结果表明，39 个量表项目的信度均达到优秀水平，全部通过信度测试，全部可以用于下一步的问卷设计。

随后，研究人员从 A 大学中开设有全日制本科专业的 10 个二级学院中，按随机抽样的分层定比法抽取了 80 名教师进行问卷调查，随后采用多元线性回归分析（MLR）自变量和因变量之间的关系。分析结果显示，所有自变量对因变量均有显著影响。最后，构建概念框架中的五个自变量（参与型领导风格 PLS、支持型领导风格 SLS、指令型领导风格 DLS、自我效能感 SE、薪酬结构 CS）和一个因变量（教师工作满意度 TJS）的战略计划模型。

在战略计划阶段，研究人员从不同的二级学院中随机抽取了 30 名教师参与战略计划。在实施干预前，研究者先选取 15 名教师进行访谈，以了解他们当前的工作满意度水平和影响他们工作满意度的关键因素，以便制定有效的干预措施。已实施的干预措施主要包括以下五方面：一是改变领导方式。根据不同的工作业务扩大参与型领导风格实施的机会，使更多的教师参与到大学（学院）的决策中来。二是通过培训给予教师更多的支持，帮助他们成长，充分发扬支持型领导风格。三是通过加强对青年教师的指导，明确具体的任务目标和实施程序，帮助一些经验不足的教师更好地完成教学工作，发挥指令型领导风格在青年教师成长道路上的指导作用。四是通过增强教师对教学科研工作的信心，提高教师的自我效能感，主要方法包括通过培训快速提高教师的教学能力和科研素养，通过经验传授增强青年教师在教学岗位上的自信心。五是提高工资福利待遇，确保工资福利中的激励因素和保健因素均得到满足，这项措施主要依托该校2023年的增资计划完成，显著提高教师的工资待遇。整个战略计划持续了32周。

战略计划阶段结束后，采用配对样本t检验（Pair Sample T-test）分析验证战略计划前后阶段自变量和因变量之间是否存在显著差异。分析结果显示，控制组在战略计划前与战略计划后在参与型领导风格、支持型领导风格、指令型领导风格、自我效能感、薪酬结构、教师工作满意度等方面均存在显著差异，这一结论验证了战略计划措施是有效的。此外，在战略计划完成后，研究者还选取15名教师进行访谈，以了解他们对提高教师工作满意度的有效性的看法。

综上所述，这项为期一年半的研究包括阅读文献、提出问题、讨论、构建概念框架、收集和分析数据、设计战略计划和访谈，最终得出研究结论。

5.2　研究结论

本研究探讨参与型领导风格、支持型领导风格、指令型领导风格、自我效能感和薪酬结构对教师工作满意度的影响，并通过策略计划评估当前的教师工作满意度水平。研究采用定性与定量相结合的方法，综合验证上述因素对教师工作满意度的影响程度，评价相关战略规划方法的有效性。

首先，研究者采用SWOT分析法对教师工作满意度的影响因素进行评估。这种分析方法旨在确定影响教师工作满意度的优势、劣势、机会、威胁和需要改进的领域。通过SWOT分析，研究人员可以全面了解学校的内外部环境，为制订积极的战略计划提供坚实的基础。在SWOT分析中，研究者考虑了各种因素，包括学校的文化、领导风格、工作量、薪酬福利、职业发展机会等。通过分析优势和劣势，研究人员可以找出学校内部的优势和劣势，从而制定有针对性的措施来提高教师的工作满意度。同时，通过对机遇和威胁的分析，可以识别外部环境中的机遇和挑战，指导大学在未来发展中的定位。研究者可以在SWOT分析的基础上制订战略方案，提高教师的工作满意度，促进学校的发展。这些计划包括改善领导风格、提高薪酬和福利，以及提供更多的职业发展机会。无论采取何种措施，SWOT分析对学校未来取得更大的成功都具有重要的指导意义。基于SWOT分析结果，结合研究背景和初步诊断，论证了研究的必要性，并对A大学的教师工作满意度现状进行了分析。

其次，研究者验证了自变量对因变量的正向显著影响。研究者采用五级李克特量表作为数据收集工具，采取随机抽样的分层定比法，从A大学的10个二级学院的653名教师中，按12.25%的比例选取了80名教师参与研究，并向他们发放了80份问卷，共回收有效问卷80份。随后，采用"Jamovi"软件对收集到的数据进行多元线性回归分析（MLR）。分析结果显示，R^2为0.797，说明自变量解释了因变量方差的79.7%左右。系数分析（$P < 0.05$）结果表明，参与型领导风格、支持型领导风格、指令型领导风格、自我效能感和薪酬结构这5个自变量对教师工作满意度的关系均有显著影响（$P < 0.05$）。研究结果验证了假设1至假设5，即参与型领导风格、支持型领导风格、指令型

领导风格、自我效能感和薪酬结构对教师工作满意度有显著正向影响。

再次，在验证了自变量对因变量的正向影响后，研究人员开始制订战略计划。在战略计划实施前，选取15名受访教师组成访谈小组。根据目标人群的访谈结果，找到影响教师工作满意度的关键环节，为下一步制订战略计划提供支持。随机抽取30名教师参与战略计划。通过小组辅导，帮助他们熟悉参与型领导风格、支持型领导风格、指令型领导风格、自我效能感、薪酬结构、教师工作满意度等概念。这有助于他们认识到提高教师工作满意度的潜力和可行性，并激励他们采取行动提高他们的工作满意度。随后，在个别辅导中，建议每位教师确立提高教师工作满意度的愿景，探索他们的能力，并逐步努力实现具有挑战性的目标。个别辅导是战略规划过程中一项费时而重要的环节，因此，通过实践活动和反馈，鼓励教师积极实践和反思经验，最终提高教师工作满意度。这是一个具有挑战性的过程。在此过程中，研究人员与教师保持密切的沟通，激励他们采取积极的态度来推动变革，并协助分析和解决问题。

最后是总结与分享阶段。在此阶段，鼓励教师相互分享提高工作满意度方面的经验，并总结不足之处，为研究的持续改进提供借鉴。

在实施战略计划后，研究人员再次向30名教师发放了相同的问卷，收集变量变化的结果。随后，利用"Jmovi"软件对战略计划实施前后两个阶段的数据进行配对样本t检验（Pair Sample T-test）。分析结果显示，战略计划实施后，各变量均发生显著变化（t值均大于1.98，p值均小于0.05）。本结果验证了假设6至假设11，即在战略计划前和战略计划后两个阶段，自变量和因变量（参与型领导风格、支持型领导风格、指令型领导风格、自我效能感、薪酬结构、教师工作满意度）存在显著差异。

5.3 讨论

影响教师工作满意度的因素有很多。本研究在现有文献的基础上，主要研究参与型领导风格、支持型领导风格、指令型领导风格、自我效能感和薪酬结构对教师工作满意度的影响。研究结果表明，上述因素显著正向影响教师的工作满意度。以下将讨论这些自变量与教师工作满意度的关系及其潜在机制。

①参与型领导风格与教师工作满意度。参与型领导风格强调领导和下属之间的决策过程，赋予教师更多的责任和自主权，极大地增强了教师在教学和管理中的主人翁精神。研究表明，当学校管理采用这种领导风格时，教师更容易感到自己的意见受到重视，工作更有意义，工作满意度也会有所提高。教师在决策过程中形成的归属感和成就感促进了教师的工作积极性和创造性，从而提高了教师的整体工作满意度。

②支持型领导风格与教师工作满意度。支持型领导风格侧重于关心、接受、尊重和支持教师的个人和专业发展。在这样的环境中，教师感受到上级的信任和鼓励，以及必要的资源支持和情感关怀。研究表明，支持型领导能有效缓解教师压力，增强教师工作积极性，改善教师心理健康，从而显著提高教师的工作满意度。当教师感到他们可以在困难时期得到帮助，并因他们的成功而得到认可时，他们的工作满意度通常会提高。

③指令型领导风格与教师工作满意度。虽然指令型领导风格倾向于强调任务和期望的规定，并直接指导教师如何完成工作，但在适当的情境下，它也会对教师的工作满意度产生积极的影响。尤其对于新教师或在具体项目中需要明确方向的教师，明确的方向和具

体的指导可以降低不确定性，提高工作效率，从而提高工作满意度。但是，过多的指令型领导可能会削弱教师的自主性，因此适度的指令型领导与其他灵活的领导方式相结合可以更好地优化教师的工作满意度。

④自我效能感与教师工作满意度。自我效能感是教师的个体心理特征之一，是指教师对自己成功完成教学任务和实现预期目标的能力的信心。具有较高自我效能感的教师往往表现出更强的教学能力和适应能力，更容易应对各种教育挑战。研究表明，教师的自我效能感与工作满意度之间存在正相关关系。教师相信自己能够有效地教授和教育学生，对自己的教学成果充满信心，自然会在工作中获得更大的满足感。

⑤薪酬结构与教师工作满意度。薪酬结构是衡量教师专业价值和经济回报的重要指标。公平、透明、与绩效挂钩的薪酬体系对提高教师工作满意度的效果最为显著。研究表明，当教师觉得他们的工资是公平、合理的，并且与他们的努力和成就相一致时，他们的工作满意度会显著提高。相反，如果工资制度不合理或不能反映教师的实际贡献，则可能导致士气低落，工作满意度下降。

综上所述，优化领导风格、提高教师自我效能感、改革和完善薪酬结构都是提高教师工作满意度的有效策略。为了进一步完善教育机构内部管理，学校应该倡导和实践多元化、包容性的领导风格，领导者一定要根据团队的具体情况调整领导风格和沟通方式，关注和培养教师的内在动机和职业认同，确保薪酬制度能够体现公平、鼓励卓越。只有这样，才能全面提高教师的工作满意度，最终有利于提高整体教育质量。在未来的研究中，研究者将更详细地探索这些变量之间的相互作用，以及如何在实际操作中实施相应的改革措施。

5.4 建议

在教育中，教师工作满意度是衡量教育机构管理水平、教师队伍建设成效、教育质量保障的重要指标。基于参与型领导风格、支持型领导风格、指令型领导风格、自我效能感和薪酬结构对教师工作满意度的影响的研究结论，本研究对民办高校提高教师工作满意度方面提出以下建议：

一是采用参与型领导风格。学校（学院）应积极倡导和实践参与型领导模式，使教师在课程设置、教学改革、校园文化建设等重大决策中发挥积极作用。应定期举办教师研讨会，鼓励教师表达自己的观点和创新思想，使教师感到他们的声音被听到，让他们发挥作用。同时，学校可以成立教师代表委员会，让教师参与学校的管理和决策过程，进一步提高教师的归属感和工作满意度。

二是强化支持型领导风格。学校（学院）领导需要对教师的个人成长和职业发展表现出更多的关心和支持态度。具体措施包括：定期为教师开展心理关爱活动，提供专业发展培训，建立师徒关系，实现经验传递，确保教师在遇到困难时能够及时得到帮助。此外，还应为教师创造良好的工作环境和完善配套的教学设施，体现学校的支持态度，有助于提高教师满意度。

三是培养指令型领导风格。学校（学院）领导应该成为教师专业成长的引导者，通过精确的引导和明确的期望来提高教师的教学能力。通过定期开展教学观察、公开课堂讨论等活动，为教师提供切实可行的教学建议和反馈，同时表彰优秀的教学实践和成果，激发教师追求卓越的积极性。此外，还应建立有效的教师评价体系，既能反映教师的真实教学水平，又能为教师改进教学提供指导。

四是提高教师的自我效能感。学校（学院）应注重培养和提高教师的自我效能感。这是教师胜任本职工作、不断进步的关键动力。通过组织各种专业技能培训、学术会议、项目研究等方式，增强教师的专业信心。同时，学校还应对教师的教学科研成果给予充分的肯定和表扬，形成积极的激励氛围，鼓励教师突破自我，不断提高工作满意度。

五是优化薪酬结构，提高福利。薪酬是影响教师工作满意度的核心因素之一。学校应制定公平透明的薪酬制度，确保基本工资合理，并引入绩效激励机制，使教师的辛勤付出与实际收入相匹配。此外，还应更多地关注教师的生活质量，提供多样化的福利措施，如住房补贴、子女入学优惠、养老保险、医疗保险等，从各个方面提高教师的生活保障，从而提高教师的工作满意度。

综上所述，高校应系统调整和优化管理策略，结合参与型、支持型、指令型领导风格，注重教师自我效能感的构建，并辅以合理的薪酬结构和福利待遇，全面提高教师的工作满意度。教师只有在工作中获得成就感和满足感，才能真正激发他们的教育教学热情，促进高校整体教学质量的提高。

5.5　未来研究方向

本研究虽然对教师工作满意度及其影响因素的研究得出了有价值的结论，但也存在一定的局限性和不足。未来的研究可以扩展到以下几个方面。

5.5.1　完善现有研究的不足

首先，扩大样本量。本研究仅以 A 大学的教师为研究对象，这种选择虽然可以对特定群体进行深入的研究，但由于研究对象相对单一，会导致研究结论的普适性不高。因此，在未来的研究中，可以增加样本量，将样本范围扩大到不同地区、不同类型学校的教师，以提高研究结果的普遍适用性。其次，有必要考虑延长战略计划的期限。本研究的战略计划持续32周，从2023年4月到2023年11月。鉴于学校运行周期通常以学年为单位进行安排的，未来研究可考虑将战略计划的期限延长至一至二学年，并进行长期跟踪观察。这将有助于探索各种因素对教师工作满意度的长期影响，并进一步评价战略计划效果的持续性和稳定性。

5.5.2 拓宽研究方向

在教育研究中，教师工作满意度关系到教师的职业幸福感和心理健康，直接影响教育质量和学生的学习效果。目前的研究揭示了参与型领导风格、支持型领导风格、指令型领导风格、自我效能感和薪酬结构等多个自变量对教师工作满意度的影响。然而，面对新时代教育背景的变化和社会期望的提高，这些因素在未来的研究中需要进一步发展的方向如下：

一是参与型领导风格与教师专业发展整合的研究。未来可以将参与型领导风格的研究与教师的专业发展相结合，探讨在教育治理现代化的过程中，如何通过扩大教师对课程开发、教学改革、学校管理的参与，促进教育的创新与发展，既提高教师的工作满意度，又能充分发挥教师的专业优势。

二是支持型领导风格与教师心理健康干预。未来可以将对支持型领导风格的研究与对教师心理健康的促进作用相结合，特别是在应对职业压力和降低工作倦怠率方面的具体影响机制方面，进一步探讨如何通过心理援助、团队建设等方式加强领导对教师的情感支持，营造积极的心理生态环境，提高教师的工作满意度。

三是指令型领导风格与教师专业成长路径。未来可进一步细化指令型领导风格在教师专业成长不同阶段的作用差异，如新老教师的需求差异。研究如何根据不同教师的成长阶段和需求，实施个性化、动态的指导策略，更有效地促进教师专业技能的提升，提高教师的工作满意度。

四是自我效能感的动态发展与长期激励机制。未来应更多地关注教师自我效能感的动态变化过程及其对工作满意度的长期影响，探索如何通过系列化、持续性的培训项目和反馈机制来提升教师的自我效能感，并将其转化为持久的工作热情和高满意度。

五是薪酬结构的多元化与教师工作满意度的定量模型。未来应探索建立并完善固定工资、绩效奖励、职业发展援助、福利等薪酬结构模型，探索不同组合对教师工作满意度的具体影响规律，通过大数据分析和实证研究，找到最能激发教师积极性和创造力的薪酬结构方案。

六是跨文化和国际比较视角下的教师工作满意度。未来可以从全球视角出发，比较分析上述自变量在不同国家和地区的教育制度和文化背景下对教师工作满意度的影响的差异，寻求最佳实践，为本土化教育改革提供启示。

七是新兴技术与教师工作满意度的关系。随着信息和智能技术在教育领域的广泛应用，未来应加强研究新技术如何改变教师的工作环境、工作方法、与领导的互动方式，进而影响教师的工作满意度，探讨如何运用科技手段提高教师的工作体验和满意度。

综上所述，未来的教师工作满意度研究应立足于更深入的理论探索和实践应用，关注时代变迁给教师角色和需求带来的新挑战，努力构建更全面、立体化的影响模型，为教育决策者和学校管理者提供更具操作性和前瞻性的建议，有效提高教师工作满意度，促进教育事业持续健康发展。

参考文献

［1］　方晓田. 中国民办高等教育七十年发展历程——基于政府与市场关系演进的视角［J］. 高等教育研究, 2019, 40（9）: 10-19.

［2］　方华. 对发展民办高等教育若干问题的理性思考［J］. 杭州电子工业学院学报（高等教育研究版）, 2000（2）: 1-4.

［3］　王孝武, 王雅婷. 新时期我国民办高等教育高质量发展的现实困境与路径探析［J］. 中国电化教育, 2022（9）: 84-89.

［4］　钟秉林. 民办本科院校要拓展办学视野聚力高质量发展——本轮学位授权审核工作的启示［J］. 中国高教研究, 2022（5）: 1-7.

［5］　HOUSE R J, MITCHELL T R.Path-goal theory of leadership［J］. Journal of Contemporary Business, 1974, 3（4）: 81-97.

［6］　BANDURA A.Self-efficacy: Toward a unifying theory of behavioral change ［J］. Psychological Review, 1977, 84（2）: 191-215.

［7］　HERZBERG F, MAUSNER R, SNYDERMAN B.The motivation to work ［M］. NewYork: John Wiley & Sons, 1959.

［8］　ASHRAF M A.Demographic factors, compensation, job satisfaction and organizational commitment in private university: an analysis using SEM［J］. Journal of Global Responsibility, 2020, 11（4）: 407-436.

[9]   SOMECH A.The effects of leadership style and team process on performance and innovation in functionally heterogeneous teams [J]. Journal of Management, 2006, 32 (1): 132-157.

[10]   MUHAMMAD N, AKHTER M.Supervision, salary and opportunities for promotion as related to job satisfaction [J]. ASA University Review, 2010, 4 (1): 255-261.

[11]   BARGSTED M, RAMíREZ-VIELMA R, YEVES J. Professional self-efficacy and job satisfaction: The mediator role of work design [J]. Journal of Work and Organizational Psychology, 2019, 35 (3): 157-163.

[12]   HOUSE R J. Path-goal theory of leadership: Lessons, legacy, and a reformulated theory [J]. Leadership Quarterly, 1996, 7 (3): 323-352.

[13]   SOMECH A.Directive versus participative leadership: Two complementary approaches to managing school effectiveness [J]. Educational Administration Quarterly, 2005, 41 (5): 777-800.

[14]   VROOM V H.Some personality determinants of the effects of participation [M]. London: Routledge, 1960.

[15]   HELLER F A, YUKL G.Participation, managerial decision-making, and situational variables [J]. Organizational Behavior and Human Performance, 1969, 4 (3): 227-241.

[16]   MCCARTHY C C. Participative leadership in team formulation [C]. Engineering Management Corforence IEEE, 2003.

[17]   KAHAI S S, SOSIK J J, AVOLIO B J.Effects of leadership style and problem structure on work group process and outcomes in an electronic meeting system environment [J]. Personnel Psychology, 1997, 50 (1): 121-146.

[18]   CHAN S C.Participative leadership and job satisfaction: The mediating role of work engagement and the moderating role of fun experienced at work [J]. Leadership & Organization Development Journal, 2019, 40 (3): 319-333.

[19]   WAGNER J A, GOODING R Z. Shared influence and organizational-

behavior-a metaanalysis of situational variables expected to moderate participation-outcome relationships [J]. Academy of Management Journal, 1987, 30 (3): 524-541.

[20] ROSSBERGER R J, KRAUSE D E. Participative and team-oriented leadership styles, countries' education level, and national innovation: The mediating role of economic factors and national cultural practices [J]. Cross-cultural Research, 2015, 49 (1): 20-56.

[21] GUINOT J, MONFORT A, CHIVA R.How to increase job satisfaction: The role of participative decisions and feeling trusted [J]. Employee Relations, 2021, 43 (6): 1397-1413.

[22] SöKMEN A, BITMIŞ M G, ÜNER M M. The mediating role of person-organizationfit in the supportive leadership-outcome relationships [J]. E & M Ekonomie a Management, 2015, 18 (3): 62-72.

[23] RAFFERTY A E, GRIFFIN M A.Dimensions of transformational leadership: Conceptual and empirical extensions [J]. The Leadership Quarterly, 2004, 15 (3): 329-354.

[24] RAFFERTY A E, GRIFFIN M A. Refining individualized consideration: Distinguishing developmental leadershipand supportive leadership [J]. Journal of Occupational and Organizational Psychology, 2006, 79 (1): 37-61.

[25] FABAC R, KOKOT K, BUBALO I.Path-goal theory-leadership styles and their changes during the COVID-19 pandemic [J]. Interdisciplinary Description of Complex Systems, 2022, 20 (4): 349-374.

[26] ELSAIED M M. Supportive leadership, proactive personality and employee voice behavior: The mediating role of psychological safety [J]. American Journal of Business, 2019, 34 (1): 2-18.

[27] SCHMIDT B, HERR R M, JARCZOK M N, et al. Lack of supportive leadership behavior predicts suboptimal self-rated health independent of job

strain after 10 years of follow-up: Findings from the population-based MONICA/KORA study [J]. International Archives of Occupational and Environmental Health, 2018, 91 (5): 623-631.

[28] SCHMID J A, JARCZOK M N, SONNTAG D, et al. Associations between supportive leadership behavior and the costs of absenteeism and presenteeism: An epidemiological and economic approach [J]. Journal of Occupational and Environmental Medicine, 2017, 59 (2): 141-147.

[29] STEIN M, VINCENT-HOPER S, GREGERSEN S. Why busy leaders may have exhausted followers: A multilevel perspective on supportive leadership [J]. Leadership & Organization Development Journal, 2020, 41 (6): 829-845.

[30] CHIH Y Y, KIAZAD K, CHENG D, et al. Interactive effects of supportive leadership and top management team's charismatic vision in predicting worker retention in the philippines [J]. Journal of Construction Engineering and Management, 2018, 144 (10).

[31] EUWEMA M C, WENDT H, VAN EMMERIK H. Leadership styles and group organizational citizenship behavior across cultures [J]. Journal of Organizational Behavior, 2007, 28 (8): 1035-1057.

[32] ISLAM T, TARIQ J, USMAN B. Transformational leadership and four-dimensional commitment: Mediating role of job characteristics and moderating role of participative and directive leadership styles [J]. Journal of Management Development, 2018, 37 (9-10): 666-683.

[33] ZHENG J W, GOU X Q, WU G D, et al. The ambidextrous and differential effects of directive versus empowering leadership: A study from project context [J]. Leadership & Organization Development Journal, 2021, 42 (3): 348-369.

[34] DERUE D S, BARNES C M, MORGESON F P. Understanding the motivational contingencies of team leadership [J]. Small Group Research,

2010, 41 (5): 621-651.

[35] MAHDI O R, MOHD E S B G, ALMSAFIR M K.Empirical study on the impact of leadership behavior on organizational commitment in plantation companies in Malaysia [J]. Procedia-Social and Behavioral Sciences, 2014, 109: 1076-1087.

[36] SOMECH A, WENDEROW M.The impact of participative and directive leadership on teachers' performance: The intervening effects of job structuring, decision domain, and leader-member exchange [J]. Educational Administration Quarterly, 2006, 42 (5): 746-772.

[37] BANJARNAHOR H, HUTABARAT W, SIBUEA A M, et al.Job satisfaction as a mediator between directive and participatory leadership styles toward organizational commitment [J]. International Journal of Instruction, 2018, 11 (4): 869-888.

[38] PAHI M H, ABDUL-MAJID A H, FAHD S, et al.Leadership style and employees' commitment to service quality: An analysis of the mediation pathway via knowledge sharing [J]. Front Psychol, 2022, 13 (12): 1-12.

[39] POST C, DE SMET H, UITDEWILLIGEN S, et al.Participative or directive leadership behaviors for decision-making in crisis management teams? [J]. Small Group Research, 2022, 53 (5): 692-724.

[40] MESU J, SANDERS K, VAN RIEMSDIJK M.Transformational leadership and organisational commitment in manufacturing and service small to medium-sized enterprises: The moderating effects of directive and participative leadership [J]. Personnel Review, 2015, 44 (6): 970-990.

[41] MENG Q.Chinese university teachers' job and life satisfaction: Examining the roles of basic psychological needs satisfaction and self-efficacy [J]. The Journal of General Psychology, 2022, 149 (3): 327-348.

[42] ISMAYILOVA K, KLASSEN R M.Research and teaching self-efficacy of university faculty: Relations with job satisfaction [J]. International Journal

of Educational Research, 2019, 98: 55-66.

[43] FEDERICI R A.Principals' self-efficacy: Relations with job autonomy, job satisfaction, and contextual constraints [J]. European Journal of Psychology of Education, 2013, 28 (1): 73-86.

[44] DEWITZ S J, WALSH W B. Self-efficacy and college student satisfaction [J]. Journal of Career Assessment, 2002, 10 (3): 315-326.

[45] KARAFIL A Y, AKGUL M H. Investingation on self-efficacy on job satisfaction of soccer referees [J]. Kinesiol Sloven, 2021, 27 (3): 70-82.

[46] WU S F V, LEE M C, LIANG S Y, et al. Self-efficacy, professional commitment, and job satisfaction of diabetic medical care personnel [J]. Contemp Nurse, 2012, 43 (1): 38-46.

[47] HUANG X H, LIN C H, LEE J C K.Moving beyond classroom teaching: A study of multidimensional teacher self-efficacy on job satisfaction and occupational commitment [J]. Teachers and Teaching, 2020, 26 (7-8): 522-542.

[48] KLASSEN R M, CHIU M M. Effects on teachers' self-efficacy and job satisfaction: Teacher gender, years of experience, and job stress [J]. Journal of Educational Psychology, 2010, 102 (3): 741-756.

[49] SUPRIYANTO S. Compensation effects on job satisfaction and performance [J]. Human Systems Management, 2018, 37 (3): 281-285.

[50] ABADI F, RENWARIN J M.Analysis on the influence of compensation and leadership on job satisfaction and its effect on job performance [J]. International Conference on Organizational Innovation (ICOI 2017), 2017, 131: 19-24.

[51] ZAYED N M, RASHID M M, DARWISH S, et al. The power of compensation system (CS) on employee satisfaction (ES): The mediating role of employee motivation (EM) [J]. Economies, 2022, 10 (11): 1-16.

[52] ISMAIL A, IBRAHIM D K A, GIRARDI A. The mediating effect of distributive justice in the relationship between pay design and job satisfaction [J]. Zbornik Radova Ekonomskog Fakulteta u Rijeci, 2009, 27 (1): 129-147.

[53] MEHRAN H. Executive compensation structure, ownership, and firm performance [J]. Journal of Financial Economics, 1995, 38 (2): 163-184.

[54] TENTAMA F, MERDIATY N, SUBARDJO S. The job satisfaction of university teachers [J]. Journal of Education and Learning (EduLearn), 2021, 15 (1): 48-54.

[55] EVANS L. Addressing problems of conceptualization and construct validity in researching teachers' job satisfaction [J]. Educational Research, 1997, 39 (3): 319-331.

[56] RACHMAWATI Y, SUYATNO S. The effect of principals' competencies on teachers' job satisfaction and work commitment [J]. Participatory Educational Research, 2021, 8 (1): 362-378.

[57] CEYLAN E, ÖZBAL E Ö. The effects of extrinsic and intrinsic factors on teachers' job satisfaction in talis 2018 [J]. International Online Journal of Primary Education, 2020, 9 (2): 244-259.

[58] HENDRAWIJAYA A T, HILMI M I, HASAN F, et al. Determinants of teacher performance with job satisfactions mediation [J]. International Journal of Instruction, 2020, 13 (3): 845-860.

[59] AMOO A O. The mediating and moderating role of job satisfaction in the leadership behaviour and work engagement relationship [J]. Expert Journal of Business and Managemen, 2018, 6 (1): 12-18.

[60] AL-SADA M, AL-ESMAEL B, FAISAL M N. Influence of organizational culture and leadership style on employee satisfaction, commitment and motivation in the educational sector in Qatar [J]. EuroMed Journal of

Business, 2017, 12（2）：163-188.

[61] DAFT R, LANE P.The leadership experience ［M］. 3rd ed. Mason, Ohio: Thomson South-Western, 2005.

[62] NORTHOUSE P G. Leadership: Theory and practice ［M］. 4th ed. California: Sage Publications, 2007.

[63] BASS B M.Transformational leadership: Industrial ［M］. Mahwah: Military, and Educational Impact, 1998.

[64] HARRIS L C, OGBONNA E.Leadership style and market orientation: An empirical study ［J］. European Journal of Marketing, 2001, 35 （5/6）: 744-764.

[65] MACDONALD S, MACLNTYRE P.The generic job satisfaction scale ［J］. Employee Assistance Quarterly, 1997, 13（2）: 1-16.

[66] DEMIR S. The role of self-efficacy in job satisfaction, organizational commitment, motivation and job involvement ［J］. Eurasian Journal of Educational Research, 2020, 20（85）: 205-224.

[67] SCHMITZ G S, SCHWARZER R. Perceived self-efficacy of teachers: Longitudinal findings with a new instrument ［J］.Zeitschrift fur Padagogische Psychologie, 2000, 14（1）: 12-25.

[68] GKOLIA A, BELIAS D, KOUSTELIOS A.Teachers' job satisfaction and self-efficacy: A review ［J］. European Scientific Journal, 2014, 10（22）: 321-342.

[69] SCHERMERHORN JR J R, OSBORN R N, UHL-BIEN M, et al. Organizational behavior ［M］. New Jerse: Johnwiley & Sons, 2011.

[70] BANDURA A. Social cognitive theory in cultural context ［J］. Applied Psychology: An International Review, 2002, 51（2）: 269-290.

[71] Black J, Kim K, Rhee S, et al. Self-efficacy and emotional intelligence: Influencing team cohesion to enhance team performance ［J］. Team Performance Management: An International Journal, 2019, 25（1/2）:

100-119.

[72] FINDLAY J, FINDLAY P, STEWART R.Occupational pay comparisons – easier said than done? [J]. Employee Relations, 2013, 36 (1): 2-16.

[73] LERITZ L. Introduction to skill-based pay [R], Redmond: Economic Research Institut. 2012.

[74] SHAW J D, GUPTA N, MITRA A, et al.Success and survival of skill-based pay plans [J]. Journal of Management, 2005, 31 (1): 28-49.

[75] SCHOONOVER S. Competency-Based System [M]. Falmouth, MA: Schoonover Associates, 2002.

[76] TECLEMICHAEL TESSEMA M, SOETERS J L.Challenges and prospects of HRM in developing countries: Testing the HRM – performance link in the Eritrean civil service [J]. The International Journal of Human Resource Management, 2006, 17 (1): 86-105.

[77] LAMBERT E, HOGAN N. The importance of job satisfaction and organizational commitment in shaping turnover intent: A test of a causal model [J]. Criminal Justice Review, 2009, 34 (1): 96-118.

[78] MEYER J P, STANLEY D J, HERSCOVITCH L, et al. Affective, continuance, and normative commitment to the organization: A meta-analysis of antecedents, correlates, and consequences [J]. Journal of Vocational Behavior, 2002, 61 (1): 20-52.

[79] HUANG X, IUN J, LIU A, et al.Does participative leadership enhance work performance by inducing empowerment or trust? The differential effects on managerial and non-managerial subordinates [J]. Journal of Organizational Behavior, 2010, 31 (1): 122-143.

[80] SCULLY J A, KIRKPATRICK S A, LOCKE E A.Locus of knowledge as a determinant of the effects of participation on performance, affect, and perceptions [J]. Organizational Behavior and Human Decision Processes, 1995, 61 (3): 276-288.

[81]　SMYLIE M A, LAZARUS V, BROWNLEE-CONYERS J. Instructional outcomes of school-based participative decision making [J]. Educational Evaluation and Policy Analysis, 1996, 18 (3): 181-198.

[82]　SOMECH A. Explicating the complexity of participative management: An investigation of multiple dimensions [J]. Educational Administration Quarterl, 2002, 38 (3): 341-371.

[83]　MARCHINGTON M, WILKINSON A, ACKERS P, et al. Understanding the meaning of participation: Views from the workplace [J]. Human Relations, 1994, 47 (8): 867-894.

[84]　PARKER S K. Longitudinal effects of lean production on employee outcomes and the mediating role of work characteristics [J]. Journal of Applied Psychology, 2003, 88 (4): 620-634.

[85]　KIRKMAN B L, ROSEN B. Beyond self-management: Antecedents and consequences of team empowerment [J]. Academy of Management Journal, 1999, 42 (1): 58-74.

[86]　NYSTROM P C. Vertical exchanges and organizational commitments of American business managers [J]. Group & Organization Studies, 1990, 15 (3): 296-312.

[87]　FISHER S. Stress, control, worry prescriptions and the implications for health at work: A psychobiological model [J]. Job Control and Worker Health Chichester, 1989: 205-236.

[88]　MILLER K I, MONGE P R. Participation, satisfaction, and productivity: A meta-analytic review [J]. Academy of Management Journal, 1986, 29 (4): 727-753.

[89]　SPECTOR P E. Perceived control by employees: A meta-analysis of studies concerning autonomy and participation at work [J]. Human Relations, 1986, 39 (11): 1005-1016.

[90]　KIM S. Participative management and job satisfaction: Lessons for

management leadership [J]. Public Administration Review, 2002, 62 (2): 231-241.

[91] JUDGE T A, PICCOLO R F, ILIES R. The forgotten ones? The validity of consideration and initiating structure in leadership research [J]. Journal of Applied Psychology, 2004, 89 (1): 36-51.

[92] GERSTNER C R, DAY D V. Meta-Analytic review of leader – member exchange theory: Correlates and construct issues [J]. Journal of Applied Psychology, 1997, 82 (6): 827-844.

[93] ALMASLUKH F M O, KHALID H, SAHI A M. The impact of internal marketing practices on employees' job satisfaction during the COVID-19 pandemic: The case of the saudi arabian banking sector [J]. Sustainability, 2022, 14 (15): 1-15.

[94] SOHAIL M S, JANG J. Understanding the relationships among internal marketing practices, job satisfaction, service quality and customer satisfaction: An empirical investigation of Saudi Arabia's service employees [J]. International Journal of Tourism Sciences, 2017, 17 (2): 67-85.

[95] HOUSE R J, MITCHELL T R. Path-goal theory of leadership [M]. US: University of Notre Dame Press, 1997.

[96] ROBBIN S P, COULTER M. Management [M]. 9th ed. Canada: Person Prentice Hall, 2007.

[97] ROBBIN S P. Perilaku organisas (translated edition) [M]. Jakarta: PT. Indeks, 2008.

[98] POLSTON-MURDOCH L. An investigation of path-goal theory, relationship of leadership style, supervisor-related commitment, and gender [J]. Emerging Leadership Journeys, 2013, 6 (1): 13-44.

[99] MARTIN J J, KLIBER A, KULINNA P H, et al. Social physique anxiety and muscularity and appearance cognitions in college men [J]. Sex Roles, 2006, 55: 151-158.

[100] SALANOVA M, PEIRÓ J M, SCHAUFELI W B. Self-efficacy specificity and burnout among information technology workers: An extension of the job demand-control model [J]. European Journal of Work and Organizational Psychology, 2002, 11 (1): 1-25.

[101] JUDGE T A, BONO J E, LOCKE E A.Personality and job satisfaction: The mediating role of job characteristics [J]. Journal of Applied Psychology, 2000, 85 (2): 237-249.

[102] CAPRARA G V, BARBARANELLI C, BORGOGNI L, et al.Efficacy beliefs as determinants of teachers' job satisfaction [J]. Journal of Educational Psychology, 2003, 95 (4): 821-832.

[103] SKAALVIK E M, SKAALVIK S. Teacher self-efficacy and perceived autonomy: Relations with teacher engagement, job satisfaction, and emotional exhaustion [J]. Psychological Reports, 2014, 114 (1): 68-77.

[104] JUDGE T A, BONO J E.Relationship of core self-evaluations traits—self-esteem, generalized self-efficacy, locus of control, and emotional stability—with job satisfaction and job performance: A meta-analysis [J]. Journal of Applied Psychology, 2001, 86 (1): 80-92.

[105] PERDUE S V, REARDON R C, PETERSON G W.Person—environment congruence, self - efficacy, and environmental identity in relation to job satisfaction: A career decision theory perspective [J]. Journal of Employment Counseling, 2007, 44 (1): 29-39.

[106] MERTLER C, CHARLES C.Experimental, quasi-experimental, and single-subject designs [J]. Introduction to Educational Research, 2011: 286-317.

[107] HAIR J F, SARSTEDT M, HOPKINS L, et al. Partial least squares structural equation modeling (PLS-SEM) [J]. European Business Review, 2014, 26 (2): 106-121.

[108] HAIR J, ORTINAU D, HARRISON D. Essentials of marketing research [M]. New York: McGraw-Hill, 2010.

[109] TESSEMA M, SOETERS J.Challenges and prospects of HRM in developing countries: Testing the HRM performance link in Eritrean civil service [J]. International Journal of Human Resource Management, 2006, 17 (1): 86-105.

[110] BOLARINWA O A.Principles and methods of validity and reliability testing of questionnaires used in social and health science researches [J]. Nigerian Postgraduate Medical Journal, 2015, 22 (4): 195-201.

[111] CRONBACH L J.Coefficient alpha and the internal structure of tests [J]. Psychometrika, 1951, 16 (3): 297-334.

[112] BARDHOSHI G, DUNCAN K, ERFORD B T. Effect of a specialized classroom counseling intervention on increasing self-efficacy among first-grade rural students [J]. Professional School Counseling, 2017, 21 (1): 12-25.

[113] NUNNALLY J C, BERNSTEIN I H.Psychometric theory New York [M]. New York: McGraw-Hill, 1994.

[114] HAIR JR J F, MATTHEWS L M, MATTHEWS R L, et al.PLS-SEM or CB-SEM: Updated guidelines on which method to use [J]. International Journal of Multivariate Data Analysis, 2017, 1 (2): 107-123.

附录

附录1 项目–目标一致性指数（IOC）测试

亲爱的先生/女士：

本研究旨在探讨影响民办高校教师工作满意度的因素。本调查运用项目–目标一致性指数（IOC）来验证研究工具是否符合研究目标。本研究选择的专家必须具有博士学位或教授职称，并应积极开展研究或具有与研究课题相关的专业经验。

本研究有以下6个术语定义：

参与型领导风格：参与型领导可以与下属讨论工作，征求他们的想法和意见，并将他们的建议融入到团队或组织将要实施的决策中[5]。

支持型领导风格：支持型领导行为是指满足下属需求和偏好的行为，例如关心下属的福利，创造一个友好和心理支持的工作环境[12]。

指令型领导风格：指令型领导风格是指领导者为团队成员提供一个框架，让他们根据团队的目标作出决策和行动[36]。

自我效能感：从社会认知理论的框架来看，自我效能感是一个人对组织和执行必要过程和行动以实现一定目标的能力的信心[11]。

薪酬结构：薪酬是指雇员从雇主那里得到的报酬总额，包括现金和附带福利。薪酬可分为内在或外在、货币或非货币、直接或间接的利益，影响工作满意度和组织承诺[8]。

工作满意度是一种积极的态度或欣快的情绪状态，其结果是一个人的工作价值的实现。当工作的特点与员工的要求一致，工作是有趣的，工作是被认可的。工作满足他们的更高层次的需求时，工作满意度就会出现[10]。

研究问卷采取五级李克特量表，"5"代表非常赞同（Strongly Agree-SA），"4"代表赞同（Agree-A），"3"代表中等（Neutral-N），"2"代表不赞同（Disagree-D），"1"代表非常不赞同（Strongly Disagree -SD）。此 IOC 表格旨在征求专家对问卷中所包含的所有问题的意见，请根据您的专业考虑对每一个量表项目进行评分，评分范围为从-1至1。如果该项目能有效测量该变量，评分为"1"；如果不确定该项目是否可以测量该变量，评分为"0"；如果该项目不能测量该变量，评分为"-1"。

IOC 测试表

问题	五级李克特量表					专家评分			备注
	SD (1)	D (2)	N (3)	A (4)	SA (5)	1	0	-1	
PLS 1: Before making decisions, leader considers what his/her subordinates have to say. 在做决定之前，领导会考虑下属的意见									

问题	五级李克特量表					专家评分			备注
	SD (1)	D (2)	N (3)	A (4)	SA (5)	1	0	−1	
PLS 2: Before taking action, leader consults with subordinates. 在采取行动之前，领导会咨询下属									
PLS 3: When faced with a problem, leader consults with subordinates. 当遇到问题时，领导会向下属咨询									
PLS 4: Leader asks subordinates for their suggestions. 领导会向下属征求意见									
PLS 5: Leader listens to subordinate's advice on which assignments should be made. 领导听取下属的建议，应该分配哪些任务									
SLS 1: Leader helps to make people working on their tasks more pleasant. 领导帮助人们更愉快地完成任务									
SLS 2: Leader looks out for the personal welfare of group members. 领导关心团体成员的个人福利									
SLS 3: Leader does little things to make things pleasant. 领导会做一些小事来使事情变得愉快									

问题	五级李克特量表					专家评分			备注
	SD (1)	D (2)	N (3)	A (4)	SA (5)	1	0	−1	
SLS 4: Leader treats all group members as equal. 领导平等对待所有团队成员									
DLS 1: Leader explains the way tasks should be carried out. 领导解释任务应该如何执行									
DLS 2: Leader decides what and how things shall be done. 领导决定做什么和怎么做									
DLS 3: Leader maintains definite standards of performance. 领导保持明确的绩效标准									
DLS 4: He/She schedules the work to be done. 领导安排要完成的工作									
SE 1: If I try hard, I can always accomplish a task efficiently. 如果我努力,我总能高效地完成任务									
SE 2: Even objected by others, I still can manage to get what I want. 即使别人反对,我仍然可以设法得到我想要的									

问题	五级李克特量表					专家评分			备注
	SD (1)	D (2)	N (3)	A (4)	SA (5)	1	0	-1	
SE 3: Sticking to my dream and realizing it is easy with no difficulty to me. 坚持我的梦想并实现它对我来说很容易，没有困难									
SE 4: I have confidence to efficiently response to sudden evens. 我有信心有效地应对突发事件									
SE 5: I maintain that I have the talent to overcome obstacles. 我坚持认为自己有克服困难的才能									
SE 6: If I make the effort, I can solve most of the obstacles. 如果我努力，我可以解决大部分障碍									
SE 7: Since I believe that I have the capacity to solve problems, I can keep a cool head when I am confronted with difficulties. 因为我相信自己有能力解决问题，所以在遇到困难时能保持冷静									
SE 8: When come across a problem, I can always find out several solutions. 遇到问题时，我总能找到几种解决办法									

问题	五级李克特量表					专家评分			备注
	SD (1)	D (2)	N (3)	A (4)	SA (5)	1	0	−1	
SE 9：When come across difficulties, I can always figure out solutions. 遇到困难时，我总能想出解决办法									
SE 10：No matter what happened, I can always easily response to various situations. 不管发生什么事，我总能轻松应对各种情况									
CS 1：University provides satisfactory faculty salary. 大学提供令人满意的教师工资									
CS 2：Current vacation and leave policy are reasonable. 目前的休假政策是合理的									
CS 3：University has good welfare facilities （i. e. health insurance, provident fund, gratuity, etc.）. 大学有良好的福利设施（如医疗保险、公积金、酬金等）									
CS 4：Festival bonus of the university is competitive. 学校的节日奖金很有竞争力									
CS 5：University's extra-course payment policy is reasonable. 学校的课外支付政策是合理的									

问题	五级李克特量表					专家评分			备注
	SD (1)	D (2)	N (3)	A (4)	SA (5)	1	0	−1	
CS 7: University provides skill-based salary allowance. 大学提供技能工资津贴									
CS 8: University provides experience-based salary increment. 大学提供基于经验的加薪									
CS 9: University provides residence allowance. 大学提供居住津贴									
CS 10: University provides transport allowance. 大学提供交通津贴									
TJS 1: I get along with supervisors. 我和主管相处得很好									
TJS 2: All my talents and skills are used. 我所有的特长和技能都得到了发挥									
TJS 3: I feel good about my job. 我对我的工作感觉很好									
TJS 4: I receive recognition for a job well done. 我因为工作做得好而得到认可									

问题	五级李克特量表					专家评分			备注
	SD (1)	D (2)	N (3)	A (4)	SA (5)	1	0	-1	
TJS 5：I feel good about working at this company.在这家公司工作感觉很好									
TJS 6：I feel close to the people at work.我觉得和同事很亲近									
TJS 7：I feel secure about my job.我对我的工作很有安全感									
TJS 8：I believe management is concerned about me.我相信管理层很关心我									
TJS 9：On the whole，I believe work is good for my physical health.总的来说，我认为工作对我的身体健康有好处									
TJS 10：My wages are good.我的工资不错									

专家姓名：

日期：

非常感谢您的宝贵意见。

研究者单位：

研究者签名：

项目–目标一致性指数（IOC）测试结果

项目编号	专家评分				范围	结果
	专家1	专家2	专家3	总得分	（≥0.67）	
PLS 1	1	1	1	3	1.00	通过
PLS 2	1	1	1	3	1.00	通过
PLS 3	1	−1	1	1	0.33	不通过
PLS 4	1	1	1	3	1.00	通过
PLS 5	1	1	1	3	1.00	通过
SLS 1	1	1	1	3	1.00	通过
SLS 2	1	1	1	3	1.00	通过
SLS 3	1	0	1	2	0.67	通过
SLS 4	1	1	1	3	1.00	通过
DLS 1	1	1	1	3	1.00	通过
DLS 2	1	0	1	2	0.67	通过
DLS 3	1	1	1	3	1.00	通过
DLS 4	1	1	1	3	1.00	通过
SE 1	1	0	1	2	0.67	通过
SE 2	1	−1	1	1	0.33	不通过
SE 3	1	0	1	2	0.67	通过
SE 4	1	1	1	3	1.00	通过
SE 5	1	1	1	3	1.00	通过
SE 6	1	1	1	3	1.00	通过
SE 7	1	1	1	3	1.00	通过
SE 8	1	1	1	3	1.00	通过

项目编号	专家评分				范围 （≥0.67）	结果
	专家1	专家2	专家3	总得分		
SE 9	1	1	1	3	1.00	通过
SE 10	1	1	1	3	1.00	通过
CS 1	1	1	1	3	1.00	通过
CS 2	1	1	1	3	1.00	通过
CS 3	1	1	1	3	1.00	通过
CS 4	1	1	1	3	1.00	通过
CS 5	1	1	1	3	1.00	通过
CS 6	1	1	1	3	1.00	通过
CS 7	1	1	1	3	1.00	通过
CS 8	1	−1	1	1	0.33	不通过
CS 9	1	1	1	3	1.00	通过
CS 10	1	1	1	3	1.00	通过
TJS 1	1	1	1	3	1.00	通过
TJS 2	1	0	1	2	0.67	通过
TJS 3	1	1	1	3	1.00	通过
TJS 4	1	1	1	3	1.00	通过
TJS 5	1	1	1	3	1.00	通过
TJS 6	1	−1	1	1	0.33	不通过
TJS 7	1	1	1	3	1.00	通过
TJS 8	1	1	1	3	1.00	通过
TJS 9	1	0	1	2	0.67	通过
TJS 10	1	1	1	3	1.00	通过

附录2 学术调查问卷

亲爱的先生/女士：

本问卷是用于研究主题"影响民办高校教师工作满意度的因素"的数据收集，研究者将利用分析结果对提高民办大学教师的工作满意度提出建议。问卷分为两部分：

第一部分 受访者的一般信息

受访者的一般信息包括：

1.您的性别？

2.您的年龄？

3.您所在的二级学院？

4.您的教龄？

5.您的职称？

6.您属于哪一类优秀人才？

第二部分 影响教师工作满意度的因素

本问卷采用五级李克特量表，"5"代表非常赞同（Strongly Agree-SA），"4"代表赞同（Agree-A），"3"代表中等（Neutral-N），"2"代表不赞同（Disagree-D），"1"代表非常不赞同（Strongly Disagree -SD），详见后附的表格内容。

填写本次问卷约需5~10分钟时间，研究人员保证对您的回答进行保密，不会对您和您所在的组织产生影响。请您仔细阅读以下问题，并根据您对特定项目的理解，对各量表项目进行评价。

影响教师工作满意度的因素

问题	五级李克特量表				
	SD （1）	D （2）	N （3）	A （4）	SA （5）
PLS 1：Before making decisions，leader considers what his/her subordinates have to say. 在做决定之前，领导会考虑下属的意见					
PLS 2：Before taking action，leader consults with subordinates. 在采取行动之前，领导会咨询下属					
PLS 4：Leader asks subordinates for their suggestions. 领导会向下属征求意见					
PLS 5：Leader listens to subordinate's advice on which assignments should be made. 领导听取下属的建议，应该分配哪些任务					
SLS 1：Leader helps to make people working on their tasks more pleasant. 领导帮助人们更愉快地完成任务					
SLS 2：Leader looks out for the personal welfare of group members. 领导关心团体成员的个人福利					
SLS 3：Leader does little things to make things pleasant. 领导会做一些小事来使事情变得愉快					
SLS 4：Leader treats all group members as equal. 领导平等对待所有团队成员					
DLS 1：Leader explains the way tasks should be carried out. 领导解释任务应该如何执行					

问题	五级李克特量表				
	SD (1)	D (2)	N (3)	A (4)	SA (5)
DLS 2：Leader decides what and how things shall be done.领导决定做什么和怎么做					
DLS 3：Leader maintains definite standards of performance.领导保持明确的绩效标准					
DLS 4：Leader schedules the work to be done. 领导安排要完成的工作					
SE 1：If I try hard, I can always accomplish a task efficiently.如果我努力，我总能高效地完成任务					
SE 3：Sticking to my dream and realizing it is easy with no difficulty to me.坚持我的梦想并实现它对我来说很容易，没有困难					
SE 4：I have confidence to efficiently response to sudden evens.我有信心有效地应对突发事件					
SE 5：I maintain that I have the talent to overcome obstacles.我坚持认为自己有克服困难的才能					
SE 6：If I make the effort, I can solve most of the obstacles.如果我努力，我可以解决大部分障碍					
SE 7：Since I believe that I have the capacity to solve problems, I can keep a cool head when I am confronted with difficulties.因为我相信自己有能力解决问题，所以在遇到困难时能保持冷静					
SE 8：When come across a problem, I can always find out several solutions.遇到问题时，我总能找到几种解决办法					

问题	五级李克特量表				
	SD (1)	D (2)	N (3)	A (4)	SA (5)
SE 9: When come across difficulties, I can always figure out solutions. 遇到困难时，我总能想出解决办法					
SE 10: No matter what happened, I can always easily response to various situations. 不管发生什么事，我总能轻松应对各种情况					
CS 1: University provides satisfactory faculty salary. 大学提供令人满意的教师工资					
CS 2: Current vacation and leave policy are reasonable. 目前的休假政策是合理的					
CS 3: University has good welfare facilities (i. e. health insurance, provident fund, gratuity, etc.). 大学有良好的福利设施（如医疗保险、公积金、酬金等）					
CS 4: Festival bonus of the university is competitive. 学校的节日奖金很有竞争力					
CS 5: University's extra-course payment policy is reasonable. 学校的课外支付政策是合理的					
CS 6: University has a reasonable paid-study-leave policy. 学校有合理的带薪学习假政策					
CS 7: University provides skill-based salary allowance. 大学提供技能工资津贴					

问题	五级李克特量表				
	SD （1）	D （2）	N （3）	A （4）	SA （5）
CS 9：University provides residence allowance. 大学提供居住津贴					
CS 10：University provides transport allowance. 大学提供交通津贴					
TJS 1：I get along with supervisors. 我和主管相处得很好					
TJS 2：All my talents and skills are used. 我所有的特长和技能都得到了发挥					
TJS 3：I feel good about my job. 我对我的工作感觉很好					
TJS 4：I receive recognition for a job well done. 我因为工作做得好而得到认可					
TJS 5：I feel good about working at this company. 在这家公司工作感觉很好					
TJS 7：I feel secure about my job. 我对我的工作很有安全感					
TJS 8：I believe management is concerned about me. 我相信管理层很关心我					
TJS 9：On the whole，I believe work is good for my physical health. 总的来说，我认为工作对我的身体健康有好处					
TJS 10：My wages are good. 我的工资不错					

附录3 "教师工作满意度影响因素研究"访谈提纲

亲爱的老师:

您好!

以下是一个针对研究"参与型领导风格、指令型领导风格、支持型领导风格、自我效能感以及薪酬结构对教师工作满意度影响"的访谈提纲设计,请您根据实际情况回答问题。访谈结果仅作学术研究用途并保密,请放心填写,感谢您的支持。

一、开场破冰

1.您的姓名?

2.您的性别?

3.您的年龄?

4.您的职称?

5.您的教龄?

6.您是否进入优秀人才支持计划?

二、领导风格与教师工作满意度

1.可以请您描述一下您所在学校(学院、系)的管理团队通常采用的领导风格是怎样的?(是参与型、指令型还是支持型?)

2.您认为这种领导风格如何影响您的日常教学工作?

3.您能否分享一些实例说明这种领导风格在提升或者降低您工作满意度方面的具体表现?

4.参与型领导风格

(1)在您的工作经验中,参与决策的机会多吗?这对您的工作满意度有何影响?

(2)当学校(学院、系)领导鼓励教师参与决策时,您觉得这是否增加了您的工作投入度和满足感？

5.指令型领导风格

学校（学院、系）领导者在提供教学指导和支持方面做得如何？这对您的专业成长和工作满意度有怎样的影响？

6.支持型领导风格

学校（学院、系）领导在提供资源、情感支持以及解决教师困难等方面的表现如何？这些支持行为是否对您的工作满意度产生积极影响？

7.自我效能感

（1）您对自己作为教师的能力和影响力有多大信心？这如何关联到您对工作的满意程度？

（2）学校是否有机制或环境帮助提高您的自我效能感，进而提升工作满意度？

8.薪酬结构与激励

（1）对于目前的薪酬结构，您如何看待其公平性和激励效果？

（2）薪酬待遇与福利政策是否能满足您的期望，从而影响到您对工作的满意度？

9.总结与展望

（1）根据您的经验，您认为哪些因素最能提高教师的工作满意度？

（2）如果有机会改进现状，您希望在上述哪些领域看到变化？

索引